Nume
der
Maichäfer
weiss
es...

Für Josef

Är het em Maichäfer zueglost.

ISBN 978-3-9524118-1-0
Nume der Maichäfer weiss es...
Von Markus Staub

Verlag Gedanken Schmiede
Umschlaggestaltung: Markus Staub
Umschlagfoto: Markus Staub
Foto Maikäfer:
„MaikäferweibchenAufSommerhut" von SeSchu
- Eigenes Werk. Lizenziert unter CC-BY-SA 4.0
über Wikimedia Commons -

Markus Staub

Nume der Machäfer weiss es...

Verlag
Gedanken Schmiede

Inhalt

Hinger em Horizont

D „Seemöwe“ gleitet unger voune Sägu em Horizont entgägä. Vu Porto ewäg, dere schöne aute Stadt in Portugal wo so glanzvolli Sägler, begehrenswerti Yachte und attraktivi Linieschiff am Quai schtöh. Vili Zueschouer luege der „Seemöwe“ noche. Bejubles und apploudiere zu Teu.
Mänge Tag söui die ungwüssi Reis ga. Me weiss zwar nid wie lang genau. Nid dass der Kapitän kes Ziu vor Ouge gha hätti. Denn der Uftrag isch ussergwöhnlich für die zwöuf schrecklose Manne: si söue uskundschafte, was sich hinger em Horizont verbirgt.
Aui rede dervo, aber niemer weiss wis hinge dra usgseht, oder was eim dört erwartet. Die unerschütterlichi Crew vur „Seemöwe“ isch gwiut das jetz z erchunde und use z finde.

So gleitet d „Seemöwe“ ruhig em Horizont entgägä. Der Kapitän het lang überleit, wie är seini Mannschaft bi Luune wird könne haute. Ihm isch bewusst gsi, dass die Reis emene Himmufahrtskommando glich cho könnti. Ds Schlimmschte was si erwartet, ist der Tod i der Frömdi und im Ungwüssen. Ds Schönschte cha glichsam ein söttige Tod si. Natürlich chanes sy, dass si herrlechi Ussichte wärde ha und anschliessend wohl erhalten chöi zurüggchehre. Das wäri tatsächlich ds Schönschte. Denno isch der Kapitän vom Schlimmstmöglichen us gange. Us disere Perschpektive het är agfange gha, sini Reis ufzboue. Drus het sich unger angerem ergäh, dass der Kapitän siner Manne immer a der Arbeit ghaute gha het Disi Tortur leit är sire Mannschaft uf, dass si nid möge überlege, was se am Horizont und de hinge dra erwarte chönnti. Wie sich ungerwägs usegschteut het, isch es e hervorragendi Taktik gsi. Mit usefordernde Spiu und ou meh Rum aus süsch, hautet är sini Mannschaft bi gueter Luune.

Vili Tage sy si scho ungerwägs. Nach de Berächnige vum Kapitän wärde si no zwe, drei Tag ha, bis si diräkt unger em Horizont wärde schta. De rüeft der Usblick obe abe, är heigi öppis entdeckt dert vorne. Är chönnis aber no nid definiere.
Dä Ruef vum Usblick obe abe isch wie Öu is Füür vur augemeine Unbehaglichkeit gsi. Schlagartig isch es schtiu worde uf der „Seemöwe". Jede het sini Arbeit grad la gheie und di gsamti Crew schteit ad Reling mit em Blick uf e Horizont grichtet. Und dä Horizont, wo si sich ja ou derna gsehnt hei gha, isch unweigerlich nächer cho. Nach es paar

Minute vumene getrüebte Stuune und ängschtliche Blicke i die Zuekunft, heisst se der Kapitän die agfangene Arbeite unverzüglich wyterzfüere. Es sigi no viu z tüe. Murrend gö si wider a ihri Arbeit dra.

Zwe Tage später isch d „Seemöwe" diräkt ufene stumme Gischtvorhang zue gleitet. Es isch der Horizont wo hie aues verschteckt, was sich hinge dra verbirgt. Der Horizont, markiert dürne Gischtvorhang. Jetz gits kes Haute meh. Jede schteit wider a der Reling und schtuunet dise Gischtvorhang aa. Di ganzi Manschaft schtuunet. Ou der Kapitän stuunet mit grosse Ouge.
Der Horizont isch fasch erreicht. E grossi Närvosität het sich unger de Manne breit gmacht. Eim Crewmitglid isch z Härtz schiere id Hose gheit, cha sech chum beruhige. De rüeft är löt mi los, wot nümme wyter, und isch über d Reeling gumpet i die chaute Wäue ine. Är schwümmt de gägä ds Land zrügg i sicher Tod. Es Roune geit dür d Mannschaft und jede luegt der Käpten aa. Druf het dä nid la wände und dä Seema ga ufnäh. Wüu jede hets gwüsst. Es git nume eis: voraa und kes zrügg.
Was isch jetz? Was passiert grad? Und nächär?
Der Bug vu der „Seemöwe" het der Gischtvorhang erreicht. Ganz gmächlich, fasch in Zytlupe

gleitet das ganze Schiff dür dä stummi Gischtvorhang düre. Do isch ke Gruch vu däm Gischtvorhang cho. Ke Ton, kes Wasser eifach nüt. Dä Vorhang isch da gsi wine Mur, wine Wang wos z dürbräche git.
Absolut schwigend, mit grosse Ouge und die Meischte mit offenem Muu verlö die Manne ihri bekannti Wäut. Vili skeptischi und ou ängschtlechi Ouge luege de füre i das wo no niemer gseh het.

Churz nach der Durchquerig vum Horizont isch d „Seemöwe" blibe schta.
Der Kapitän het sire Manschaft danket, dass si der Muet gha hei ihm z fouge und ihm Treui ghaute heigi, uf däm grosse Wäg, bis hinger em Horizont. Nachhär het er Rhum la usschänke, bis kene me het möge.

Am Morge druf isch denno jede a sim Platz gschtange.
U di erschte Momänte überwäutige di Manne fasch. Am Firmamänt schtö zwe Sunne. Eini lings, eini rächts. Chliner aus ihri bekannti Sunne und trotzdäm intensiv. Vor ihne tribe es paar Insle ruhig hin und här. Uf dene Insle Böim, Hügle, Feuse. Es imposants Biud. Si wähne sich grad im Pazifik, zwüsche viune Insle, was dert ja bekannt isch. Aber hie... die Insle bewege sich. Gö ufenang

zue. Vereinige sich und trenne sich wider. Hie ganz angers aus Autbekannt.
A der nächschte Insle lege si aa. Besser gseit, d „Seemöwe“ ankeret und d Beibot lege mit der gsamte Besatzig uf dere Insle aa. Di ganzi Mannschaft, ou der Kapitän sy jetzte uf dere Insu, für se z erkunde.
Nid angers aus üser Insle isch die gsi. Viu Böim, Paume, Schtrücher und Ungerhouz. Sand, Schteine, Feuse. Hügelig. Wie me das bi Insle gwanet isch. Die churz gsehni Tierwäut glicht der üsrige ufs Haar. Insekte, Schlange, Müüs, Hase, Ameise und Spinne. Aues was z Härz begehrt. Bau mou wähne sich die Manne grad deheime.

Denno, unheimlich isch es allewyl gsi, hie hinger em Horizont. Es het fasch aues glych usgseh. Einigermasse. Das isch scho sehr ungwöhnlich. Aber usschliesse chames nid. Die Begäbeheite hei d Manne vur „Seemöwe“ mit eigete Ouge gseh. Das aues cha doch kei Fata Morgana gsi sy. So schtarch chöi sich die Ouge doch nid tüsche. De no vu aune Manne zämä.

Trotzdäm. Dass sich die Mannschaft fasch wie deheime wähne, wüu die ganzi Umgäbig und d Tier und Pflanzewäut so schtarch glicht, sy si sich nid ganz sicher, öb si sich söue fröje und guet füele oder nid. Das chönnti ja aues e Tüschig sy.

Plötzlich gseh si die erschte Mönsche. Ou die gseh us wie Mönsche. Fridlechi Mönsche. Nach einigem Ustuusch, sprachlich isch ou hie ke Gränze, wetti di ganzi Mannschaft bis am angere Tag hie uf der Insu blibe. Wahrlich, e fröidige Abe hei si dörfe mitenang verläbä. D Nacht druf isch läng und sehr intensiv.
I de abrochne Morgeschtunge rund ums früeche Füür, wo beruhigend am Dorfplatz vor sich härä der Morge wermt, isch es em Kapitän mulmig ums Härz. Är het grüeft: „D Seemöwe!"
Aui springe uf. Trotzdäm ligt d „Seemöwe" nümme dert vor Anker, wo si se geschter verla hei. Bau druf isch es de Manne vur Mannschaft wie Schuppe vu de Ouge gheit. D „Seemöwe" ligt wahrschinlich immer no dert, wo si se vor Anker verlaa hei. Nume d Insle het sich bewegt und isch wäg gschwumme. Das hei si zwar scho vor em Verlaa vum Schiff gseh, aber wou nid realisiert, was da uf se zue chunt. Nume jetz isch es gwüss unmüglich abzschetze, wie wyt die Insel inzwüsche greiset isch. Öb das e gradi Linie isch gsi, oder öb si einigi Kurve uf dere Insureis gmacht heige. Das isch insofern Ungwüss, aus dass die Manne und der Kapitän ke Ahautspunkt hei gha, wo si sich dranne hätte chönne orientiere.

Nach lutschtarke Diskussione, längem hin und här berate, het der Kapitän beschlosse, dass si vorerscht hie wärde blybe. Es schine flotti Lüt z sy, wo si hie uf dere Insle hei kenne glehrt. Derzue lat es sich sicherlich guet läbä hie, mitenand.
Wou oder übu schtimmt d Mannschaft zue, und lat sich wider am Füür nider.

So isch dä Usflug e voue Erfoug. Derzue hei di Manne erchennt, wie es isch hinger däm Horizont. Wüu si ihri „Seemöwe" nie me hei gseh uf ihrer Inseltour, blibe si und läbe si fridlich witer uf dene Insle.

Da us erchannte Gründ die Manne nümme meh mit ihrer „Seemöwe" hei chönne zrüggsäglä, weiss hie änä trotz däm erfougryche Ansinne vum Uftrag niemer, wie äs hinger em Horizont usgseht.

Fantasiebärg

Si rennt fasch d Schtäge uf, d Annette Singer. Si isch ungerwägs im Amtshuus zum Schtadtpresi. Es isch ere leid, dä Gang, aber es hiuft nüt. Annette Singer isch zueschtändig für die guete Idee und Fantasie i der Schtadt. Leider sy di guete Idee im Momänt usgange. Drum dä Gang zum Schtadtpresi. Der Isidor Matter, namentlich Schtadtpresi vu Bischizäl, isch im Schuss und viu beschäftiget. Wi wett ou nid. Drum verwyst är d Annette für das Mou zum Schtadtschryber. Und däm, Berni Mahler, em Schtadtschryber treit si ihres Alige vor. Es sig ihre leid, aber brüchti e chline Kredit um wider a nöji Idee härä z cho. Ihre sigs im Ougeblick innerlich lär. Wahrschindlich brüchti si ou wider mou Ferie. „Ja, Berni," seit d Annette, „Du muesch mi richtig verschto. Mir hei zwar viu interessantes i der Schtadt, wi Oschterbrünne, Rosewuche, Schtadtfescht und Museumsnacht. Das sy doch Sache wo mir Fröid dranne hei. Aber mir bruchre öppis Nöis. Und das unbedingt." Berni Mahler, der Schtadtschryber, het se chli schief agluegt. Är kennt se süsch nid eso. Drum mues är ou mou lär schlücke und meint de: „Annette, lueg. Das isch so e Sach, das mit em Kredit. Das mues ig zersch mou abklähre. Denno gubs no öppis angers, wo villich günschtiger und eifacher wäri: Frog eifach mou d Bevöukerig! Die hei mängisch ou gueti Idee!." Der Frou Singer vis-a-vis isch es nid zum juchze, wüu die Idee hätti ihre ja säuber ou chönne cho.

„Öich wüu ig e nöji Attraktion id Schtadt bringe, wartet nume chli. De heit dir se de frei Hus!" so seits der Philip Escher, wo ner der ‚Marktplatz' wägleit. Drinne isch gschtange, dass d Bevöukerig ufgrüeft sigi, nöji Idee, Attraktione und Sensatione id Schtadt z bringe. Me wäri dankbar um Mithiuf. De seit Philip Escher wyter: „Jetz isch die richtigi Glägeheit für min Plan umzsetze. I warte scho lenger druf!" de schnufet Escher töif düre: „Jetze chume ig ganz gross use! Und genau das gfaut mir. So wärde si mi mou richtig kenne lehre, aui die beschränkte '49er! Es gscheht ihne nume rächt, wenn si jetz mou so muschtergüutig dra chöme." De nimmt Philip e chräftige Schluck vu sim ‚Sattuschliifer', wi är sim Getränk im Glas ir Hang seit. Nach däm Schluck: „Das git es Fescht! Do mache aui mit! Aber so wi de ig wot!" nimmt no sone ‚Sattuschliifer', schteit uf, tuet z Fänschter uf u rüft use: „Danke! Danke, Bischizäl!"

Bi der Annette Singer ir Abteilig Schtadtmarketing sy nid viu Idee und Aregige ygange. Mit däm

Hüfeli wo acho isch, cha si no nid auzuviu afa. Villich de mit angerem zämä gits de es Ganzes Nöis. Aber für etwelchi Prognose derzue isch es eifach z früe. Drum geit si der Berni Mahler no mou für dä vorhär agschprocheni Kredit aa. Aber ou do ohni sichtbare Erfoug.

Philip Eschers Klass, e Sekundarklass, isch ihrem Lehrer sehr ato. Är isch gerächt, schträng und het die Giele und Meitschi ganz ordentlich im Griff. Si lose gärn was Philip ds säge het. Es sy mängisch grüseligi Gschichte woner verzeut. Vu damaus und wis denn zumau gsi isch. Genau das chunt bi sine Schüeler guet aa.

Nach däm dänkwürdige Wucheänd mit nid z knapp ‚Sattuschliifer', nimmt är siner Schüeler härä, für di erschte Schritte i sim Plan afa z verfeschtige. Escher schteut e Ufgab i der Schtung ‚M+U', schribt se ad Wandtafele, dass siner Schützlinge e Ufsatz schriibe zum Thema: „Wie kann ich viele Wähler gewinnen?" Si hei vorgängig i der Schtaatskund scho vermehrt drüber gredet, was me derzue cha mache. Drum isch das Thema nid wiud frömd.

Nach däm Ufsatz isch diskutiere agseit. Jetz isch das Thema ganz früsch und es sprudled us dene junge Lüt nume so use. De het Escher e wyteri Ufgab derzue. Di ganzi Klass erarbeitet e Umfrageboge wo si de der ganze Bevöukerig vu Bischizäl abgä und hoffe, wüus e Klassearbeit isch, dass vili Antworte zrügg chöme. Unger angerem isch ou d Frog dinne gschtange, öb der oder di Usfüüendi bereit isch a der Zuekunft vur Schtadt mit z schaffe und mit z häufe.

Gli isch de ou wider Zyt gsi für e chräftigi Jahrgänger – Zämäkunft. Di Letschti isch scho vili Jahre zrügg glägä. Me cha sich chum me dra erinnere. I gloube, es isch ou zu mene grade Geburtstag gsi. Und jetz isch das ou wider noche. Do wo aui mit rise Schritte uf d Pensionierig zue gö, isch es no mou nötig, dass sich aui gseh. Zum ustusche und Plän verteile, was de no sötti loufe, bevor me pensioniert wird. Es grossartigs Fescht hets gä. Fasch aui us em Jahrgang '49 sy cho. Me het vu de aute Zyte gredet und was zwüschine aues so passiert isch, oder äbä nid.
Natürlich isch ou der Philip Escher mit a die Zämäkunft gange. Är het sich das nid wöue la nä, unger de Lüt vu früecher siner nöischte Plän kund z tue. Do isch natürlich ou der Isidor Matter derby. Wougmeinti Wort zu aune wi immer und mit ere guete Lune. Das isch me sich vu Isidor em Schtadtpresi gwanet. Es isch do ou zu mene chline Techtelmechtel zwüschem Matter und em Escher cho. Di aute Zyte hei wider einisch düredrückt.

Matter het gmeit, dass Escher no nid viu glert heigi und ou no nid so wyt cho sigi, wi är sich das immer gwünscht heigi, damaus. Aber das sigi ja abzgseh gsi. Escher heigi äbä nid meh Potenziau. Zu däm Potenziau fähli ihm hat ou e liebi Frou. U wener keni hiegi, de gäbis haut nüt.
Der Escher Philip het sich das aglost. Ou z Glächter vu de Mitjahrgänger. Aber das het Philip chaut gla. Är het nume weni derzue wöue sägä. Ganz eifach: „Wirsch de gseh, Matter, nächschte Juni, wenn de Schtadtpresi Wahle sy, öb de du no mou es paar Jahr darfsch blibe, oder nid. Nächscht Juni muesch gägä mi aträtte!“ Nach däm gseite isch ds Glächter schnäu verschtummt. Aui hei mit viu fragende Auge zum Escher gschiled und de übere zum Matter. Niemer het es Wort usebracht. Bau het sich aber Matter wider gfange und meint troche: „Wenn so gägä mi adrättisch wi das früecher scho gmacht hesch, de sy diner Chance ziemlich chli!“ und Äine meint derzue: „Muesch di no warm alegge, No-Schtadtpresi. Es chöme chauti Schtürm uf di zue”.
De louft Escher wäg zum Büffet und mischlet sich e chräftige ‚Sattuschliifer'.
Das isch natürlich während em wytere Fescht ds Thema Nummer eis gsi, die Wahl vum Presi im nächschte Juni. Di Jahrgänger si plötzlich e chli verunsicheret gsi, öb de Matter wider so glanz-

vou, wi letschts Mou, gwäut wärdi. Me het sich chönne vorschteue, dass Escher sich guet uf dä Akt vorbereitet het. Besser aus aube früecher. Jetze überlat är sicher nüt meh em Zuefau, so wie damals.
Trotz auem isch es wyterhin es glungnigs Fescht gsi. Wahrschinlich eis wo me nid so schnäu vergisst.

Ja, es isch e Kracher gsi, die Umfrag us Eschers Klass. Fasch 75% vu aune Frageböge sy usgfüut zrüggcho. Was so e Klassearbeit aues cha arichte... Ou für e Philip isch das e mächtige Erfoug. Är brucht de schpäter die Agabe uf dene Frageböge für sini Zwäcke. Oder sötti ender sägä, är missbrucht se?

Scho vor lengerem het Philip locker es paar Lüt um sich gschared, wo glicher Meinig sy gsi wi är. Si meine auso ou, dass me sich mues ysetze für d Stadt. Und si warte geduldig, bis ihne Escher seit, wie si sich chöi ysetze. Auso, es sy loyali, verantwortigsbewussti und ysatzfröidigi Lüt. Escher het ihne bybracht, was si söue mache. Sy si au dene Lüt noche, wo uf dam vorbenannte Frageboge agä hei, dass si für d Zuekunft vur Stadt wöue mithäufe. Jede Einzelni isch druf agschproche worde. Escher het sine Lüt das natürlich vorgmacht. Isch immer mit emene Chörbli ungerwägs gsi. De het är di Lüt vu de Frageböge bätte, für e gueti und fruchtbari Zuekunft, ihm ihri Fantasie abzgä. Die chönni är de, wenn är viu Fantasie zämä heigi, für disi fruchtbari Zuekunft ysetzte. Luschtigerwys het das de Meischte yglüchtet. Si hei somit em Philip Escher ihri Fantasie abträtte. Die het er de im Chörbli, wo är by sich treit het verschtoued. Wenn das Chörbli vou isch gsi, isch er ad Thur abe und het das Chörbli uf sis Mätteli glärt. Das Mätteli, woner yghaged het gha, het är scho lenger mou gmietet, wüu är inzwüsche Gras brucht gha het für siner Chüngle. Das ganze het natürlich ou zu de Vorarbeite vu sim Plan ghört und isch ihm jetz genau richtig zur Hang cho.

Nach und nach het sich das Mätteli gfüut mit der Fantasie vu de Bischizäller. Es isch e ansehnliche chline Bärg worde. Genau, e Fantasiebärg. Das Gebilde us Fantasie het sich aber nid schtiu gha, so wi e Bärg Steine oder Schutt. Äs het sich bewegt. Derzue het sich d Farb ou immer wider veränder-ed. Me het a däm Fantasiebärg aui Farbe vum Rägäboge chönne gseh. Und di verschidenschte Forme hei sich da ergäh. Luschtigerwys isch dä Fantasiebärg nie über de Hag vum Mätteli use gange. Är isch immer i der Abgränzig inne blibe.
Ds Bischizäl säuber het das nid auzuviu Lüt interes-

siert. Si hei nüt mit däm Fantasiebärg chönne afa. Denn die meischte Lüt hei ja ke Fantasie meh gha. Drum sich so gar nid chönne vorschteue, was das chönnti sy.
Denno het es viu angeri wunger gno, was das isch. Es sy auerlei Lüt derhär cho. Hei fotografiert und gfiumed und sich teilwys ou luschtig gmacht, über dä Fantasiebärg.
Es isch sogar mou e Fiumequipe derhär cho und het e lengere Bricht anschliessend im Fernseh bracht. Dä Bricht het verschidenschti Lüt usserhaub Bischizäl ufgmüpft. Und sehr viu Gescht sy di nöji Attraktion cho luege. Was vili nid richtig gmerkt hei, isch dass d Ywohner vu Bischizäl sich nid fröhlich zeigt hei i däm Bricht. Dass di meischte apatisch und sehr förmlich gredet hei. Die Lüt hei nume no funktioniert und nümme usgibig gläbt. Si hei ja ou ke Fantasie meh gha.
Denno het dä Bricht im Fernseh e grossi Wäue usglöst. Die Attraktion het verschidenschti Zytigsbrichte und Diskussione nach sich zoge. Verschidenschti Interviews si im Amtshus gfüert worde. D Journalischte hei nöis wöue usebringe und erfahre. Aber jedes Mou hei si mit lääre Häng müesse go. Eine isch de uf d Idee cho, dass me es Schtückli ab em Fantasiebärg chönni imen Labor la ungersueche. Die Ungersuechige hei konkret nüt usebracht. Me isch nid uf ene Nenner cho, was

das überhoupt chönnti sy. E gwitzte Journalischt het druf härä vu Usserirdische gredet. Dass mir wou churz vor ere übernahm vu Usserirdische schtänged. Wäutungergang isch ou es Thema gsi. Auso wytume sy d Zytige gfüut worde mit auerlei Plunder und Muetmassige, was da chönnti los sy und was der Fantasiebärg isch oder chönnti darschteue. Me isch sogar übery cho, dass es kes Kunschtwärch cha sy.

Natürlich isch der Schtadtrat ou go luege. Der Presi mit sine Lüt het läng gwärweised, was das ächtet chönnti sy. Weder är no der Schtadtschryber no d Schtadträt hei irgend ä Lösig zu de offene Frage gha. Es Fänomen, wo nid z erkläre isch. Und ou d Annette Singer isch go luege. Si het sich erloubt es Schtückli vu däm Fantasiebärg mit is Büro z nä. Zwar het niemer gwüsst, was das genau isch uf däm Mätteli. Und die wo hätte chönne Uskunft gä, die hei schtrikt gschwige.
Rund um das Mätteli isch es für d Ching e Fröid gsi zum spile. Mit dere volle Portion Fantasie, wo da umegläge isch, hei si di schönschte Spil härä-bracht. Wyter hets gwürkt, dass uf em Schuelplatz der Rase isch begehbar worde für d Schüeler. Nümme das komische Zeiche, dass me nid uf e Rase dörfi.
Wider e guete Punkt i der Schuel wo d Schüeler

gärn hei gseh.

Annette Singer het sich ou mit dene Begäbeheite rund um das komische Ding im Mätteli ar Thur unge beschäftiget. Si het ou ds Gschpräch gsuecht mit ere Mittarbeiterin im Amtshus. Die isch i de letschte Tage und Wuche so letargisch gsi und het nume no gmacht, was me ihre uftreit het. Die Arbeit het si rächt gmacht. Aber eifach nid meh. Und uf d Frag was de los sigi, was si heigi, het si de gmeint, si heigi nume ihri Fantasie abgä. Und das für e gueti Zuekunft vu Bischizäl. Wäm si ihri Fantasie gä heigi, das wüssi si nümme. Der Name sigi ihre nid glöifig. Aber es sigi sicher eine hie us der Schtadt.
Das isch auso ou e Sackgass gsi. Wyteri befragige vu angerne Lüt us der Schtadt het nid meh ergä. Da und dert isch no der Name Philip Escher is Schpiu cho. Aber meh o nid. Singer het inzwüsche ou gwüsst, dass das Mätteli ar Thur unge vu Escher gmietet worde isch. Sini Uskunft uf di entsprächende Frage isch nid ergibiger gsi. Grad söfu, dass är ja dörfi mache uf em Mätteli, was är wöui. Öb är jetze Wullblüemli züchti, oder ä Bärg Glück uf sim Mätteli düi züchte, wenn das niemerem schadi, sigi das ja glich. Auso ou do e Sackgass. D Annette isch ke Schritt wyter.
Nume, es paar Tage später isch si wi e Furie im

Amtshus d Schtäge ufegschprunge zu Schtadtschryber. Berni Mahler macht es längs Gsicht, wo Annette so unverhofft inestürmt. „Was isch los? Brönnt der Küderchessu?“ fragt er mit emene Lächle. D Antwort vu Singer lat nid lang uf sich la warte: „Nei! Jetze weiss ig für was mir der Kredit würklich ou chöi bruche!“

„Auso. Verzeu! Het der Fuessbauplatz Löcher und Ching bruche Naguschue?“

„Äuä. Verzeu ke Seich, Berni. Jetze isch es ärnscht. Jetze hani üsi nöji Idee!“

„Schön,“ meint Berni: „Het dir dä Bärg gseit wohär, dass er chömi. Und dert heigis no meh...“

„Rosegärtner!“ faut ihm Annette is Wort. „Rosegärtner? Was söu das bsungers sy?“

„Auso. Mir bruche e Kredit für Rosegärtner azschteue. Öpe füf Lüt. Das wärde nid eifach Gärtner sy wo d Rose pflege.“ Annette macht e Verschnufpouse. Berni drufhärä: „So machs nid so spannend. Das Ding dört unge im Mätteli het ömu nüt mit Rose z düe!“

„Nei, das nid. Aber los mi doch jetz einisch usrede.“

„Auso guet, ig lose.“ Dermit ligt Berni i si Schtuel hingere.

„Die Rosegärtner söue jetz übere Winter nid Rose pflege, sondern singe. Nid öpe Wiehnachtslieder oder so, sondern Soul, Blues, Negrospirituals,

Gospelsongs und Feldhollers."
„Das isch wahrlich e gueti Idee. Mou öppis ganz angers. Ds Schtettli gfüut mit Sänger und guete Lieder."
„Gäu, das isch e fabuhafti Sach. Eifach so schpontan acho."
„Wie lang dänkschte, dass so Sänger im Schtettli möge beschto?" fraget Berni Mahler: „Und übrigens. Was mache de die wenn si grad nid singe? Mir chöi se doch nid di ganzi Zyt dürefuetere und die singe üs bloss es paar Lieder. Das gieng de scho is Guettuech ine. Das vermöge mir nid!"
„Da hesch du rächt, Berni. Das vermöge mir nid."
Seit d Annette Singer und macht es paar Schritte im Büro desume. Nach ere churze Dänkpouse: „Das wird nid üses Problem sy. I ha das scho mit der entsprächende Agentur agluegt. Di Rosegärtner wärde nume denn vu üs zaut, wenn si ou bi üs engagiert sy. Süsch nid."
„Das tönt scho vernünftig. Cha me no irgendwie öppis inehole derby?"
„Spezielli Uftritte, Konzärt, Firmealäss, Fernseh und Radio, freiwiuigi Spände. Da wärde mir scho einiges zämebringe, für das wider chönne rückfinanziere."
„Guet auso." Meint Berni nachdänklich: „chunsch inere Schtung wider. De luege mir das no mou aa. übrigens, darf ig dervo usga, dass es scho konkret

würdi, wenn's de gieng?“
„Berni, du kennsch mi doch.“
„Das isch guet so. Handfescht manis am liebschte....“ Berni lachet derzue, und Annette hiuft ou mit.

Und druf haärä isch es losgange. Die Rosegärtner sy agschteut worde.
Die ganzi Üebig het ygschlage, wi e Blitz. Viu Schtedter sy am Abe no chli dür ds Schtedtli flaniert für di schöne Lieder z lose. Das Atmosfärische wo düredrunge isch het uf einigi mitgschwunge. Bi Schneeflocke und Gsäng. Einmaligi Momänte, wo dür di aute Gmür düre klinge. Eifach fantastisch.
Das het ou ds Radio gmerkt. Zitige sy ou druf ygange und gueter Letscht isch no z Fernseh cho, für e Adväntsstimmig us der Schtadt z bringe, das ungermahlt mit de Rosegärtner.
Bis do härä, auso bis am Ändi vum Jahr, isch em Berni scho wider viu wohler gsi. Dise Yfau vu der Annette het so viu wohlwollendi Konsequenze gha. Das sicherlich ou für d Schtadtkasse.

Ou ds nöie Jahr het mit Rosegärtner Kläng der Uftakt gfunge. Das zämä mit der Schtadtmusig isch es Schouschpiu worde, wo mit de Ohre nid eleini het chönne ufgno wärde. Do hets eifach aui

Sinne brucht, für das Führwärch vu Tön und Biuder i sich chönne ufznäh.
Das het der ganzi Früehlig so klunge und öppis isch no derzuecho. D Medie hei so schtarch mitgmischlet und so viu Fröid bekundet a de Rosegärtner, dass es plötzlich viu Afrage im Amtshus gä het, wenn und wo, dass d Rosegärtner ufträttet. Me wetti mit Lüt das cho gschoue. Und es sy Lüt cho. Nid eifach es paari, sondern grad Carwys sy si derhärgfahre und hei die gniesserische Kläng mit sich gno. Fabuhaft isch es gsi. Und aui Beteiligte hei chräftig mitghulfe, dass aues in beschter Ordnig isch und guet usechunt.
So het Bischizäl wider e nöji, viubeachteti und gschetzti Attraktion.

Näbscht däm, dass die usgezeichneti Attraktion ou der Früelig begleitet, hets natürlich no angers wo im Schtedtli louft. Der Tag vu de Wahle zum nöjie Schtadtpresidänt isch im voue Gang. Di zwe wo me cha sägä, die hei würklich e Chace, sy der No-Schtadtpresi Isidor Matter und sin Herusforderer, der Philip Escher.
We me bi dene Vorbereitige de Umfrage darf gloube, so het der Escher e chräftige Vorschprung uf e Matter. Und das ma de Matter sichtlich. Är isch doch scho sit Jahre z Oberhoupt vu dere Gmeind und jetze söu eifach fertig sy? Und das

wäge emene derhärgloufene aute Schuelkamerad, wos no zu gar nüt brocht het. Das het ihm, em Isidor eifach nid abe wöue. Isch ou verständlich. Der Escher het bis jetz no nüt bracht für ds Schtedtli. Grad echli Lehrer sy. Das cha doch jede. Für ne Schtadtpresidänt bruchts de scho no chli meh.
Eso gseh, Isidor Matter het das eifach nid chönne begryfe.
Philip Escher hingägä, dä isch häu begeischteret gsi, dass sini Rächnig bis do häre absolut ufgange isch. Siner Vorbereitige het är i däm Fau ganz guet gmacht. Aues het klappet bis jetz. Siner Häufer hei genau so gueti Arbeit gmacht wi är ihne uftreit het. Und überhoupt, der Fantasiebärg isch immer no im Mätteli glägä, wo ihm ghört. Und niemer het bis jetz usegfunge was es isch und was das söu. Das fröit Philip bsungers. Dä Schachzug isch ihm ine, wi es Füfehaubi im Lotto.

Ja, dä Fantasiebärg.
Dä und ou di Rosegärtner sy die Ufhänger gsi i der Letschti, dass d Medie immer wider uf Bischizäl ufmerksam worde sy. Es isch aus das Rätsu vu disem Jahrhundert härä-gschteut worde, diese Fantasiebärg. Das het so vili interässiert, dass d Bletter Tagelang drüber vou gsi sy. Und ou ds Fernseh het da chräftig mitgmischlet. Däm isch

natürlich ou nid entgange, dass bau der Schtadtpresidänt zur Wau aschteit. Ou do drüber isch viu gseit und gschribe worde. Di diräkt Beteiligte sy öppe zu meine Steitment yglade worde und me het vone doch viu wöue wüsse. Was da ou schtarch zum trage isch cho, das bim Befrage vu de Schtadtbewohner no immer die Teilnahmslosigkeit im Vordergrund gschtange isch. Niemer het däm Fänomen chönne uf d Schprüng häufe, und e entsprächendi Begründig derzue chönne lifere. Natürlich het der Philip Escher ou kes Schtärbenswörtli derzue gseit. Är het ja nid wöue d Chatz usem Sack la, wenn's überhoupt nid nötig isch gsi. Do hät er ja wou sich säuber sis Grab gschuflet.

Item. Wie dem auch sei. Wüu der Escher Philip im jetzige Zytpunt so wunderbari Ussichte uf e Wausig gha het, isch ihm sini Parti ou no entgägächo. Si hei e Delegierteversammlig am letschte Maiwucheänd agsetzt, für ihm aui nötigi Ungerschtützig zue z sägä, wos jetz no brucht, dass es uf der Ziugerade nid öppe no zumene Abschturz sötti cho. Das wird es Fescht mit viu grosse Wort, guetem Ässe und anschliessendem Gelage. Das natürlich zu Ehre vu Escher. Der grossi Ma vu der Schtung.
Me het die Delegierteversammlig natürlich überau breitgschlage. D Öffentlichkeit wo jetz es

Oug uf Bischizäl gliet het, viu meh sogar zwöi, söue erfahre, wi me em Escher da no unger d Arme gryft und ihm hiuft, wo me nume cha.
Die Tatsache sy natürlich ou im Amtshus nid verschwige blibe. Isidor Matter het sich scho Gedanke gmacht was de nächär sötti gscheh. Irgendwo wyt hinge i sim Chopf het är die Wau scho ufgä gha. Är het gmerkt wie d Wählerschaft viu meh zum Eschler schteit aus zu ihm. Är, wo doch so viu gmacht het für sini Schtadt und sini Bürger. Öppis blühends het är häräbracht i au dene Jahre. Der Schtadt und sine Ywohner geits usserordentlich guet. Und Rosegärtner singe immer no e hufe Gäut id Schtadtkasse.
Ja, die Sach isch verzwickt. Isidor het sich fasch nüm z häufe gwüsst. Het sich Gedanke gmacht, was är zu sim Abschid de ou söui sägä, dass es nid au zu kitschig wird und aber ou nid zu bös gägäuber em Escher. Dä wos ja no nie zu öppisem bracht het.
I die Gedanke ine chlopfets a der Türe. Annette Singer bringt ihm einigi Ungerlage, wo är no mues aluege und de d Ungerschrift druf setze. Annette merkt sini bedrückti Schtimmig und fragt öb si ihm mit irgend Öppisem chönnti häufe. Doch Matter meint, dass ihm müglicherwys i dere Situation nümme ds häufe sigi. So isch d Annette unverrichteter Dinge wider gange. Der Matter tuet ihre

scho chli leid. Si schaffe scho so mängs Jahr mittenang. U chum es paar schregi Wort hei si mitenang gha. Das tüecht se jetz doch ou nid richtig, dass e so Derhärgloufne wi der Escher, Matter sötti ds Amt schtrittig mache. Aber äbä. I der Demokratie isch das haut so. Dä wo chli meh Glück het, het de haut gwunne. Ja, so isch es.

Nachdäm d Annette gange isch gsi, isch Isidor Matter mou as Fänschter gschtange und het Gedankeverlore use gluegt.

Jetz hocket är wider as Pult härä und wetti wyter wärche. Do isch er grad erchlüpft. Mits uf em Pult höcklet e ungebättene Bsuecher. Es isch e Maichäfer wo sich bi ihm zu niderglah het. Isidor luegt ne verständnislos a und wot ne scho zum Büro us buggsiere. Aber der Maichäfer wehrt sich schtandhaft und lat irgendwelchi Lute vo sich ghöre. De luegt Isidor no mou richtig härä und schänkt däm Chäfer uf em Pult sini voui Ufmerksamkeit.

Ja, was är da vernimmt isch doch unghürlich. So öppis. Wenn är das gwüsst hätti... Do heisst es jetz guet überlege, nüt fautsches sägä und sofort handle.

Matter bringt dä Maichäfer as Fänschter und lat ne wider flüge. Das mit es paarne schtiue Dankenswort. Mou, das het dä Chäfer verdienet.

De leit är der Tschope aa, mäudet sich vorübergehend bim Schtadtschriiber ab, geit abe und heisst d Annette mitzcho. Ohni wyteri Wort z verlüre loufe si schnuerschtrags bis zum Mätteli abe, wo der Fantasiebärg drinne schteit. Dört luegt Matter a dä Bärg ufe und sinniert dranume. De fater afa verzeue, was ihm der Maichäfer atreit het. Annette lost mit grosse offene Ohre zue, was es da mit em Fantasiebärg uf sicht het. Was der Philipp Eschler agrichtet heigi unger de Schtadtbürger, für sich e Vorteu z verschaffe und em Isidor eis as Bei z gingge. Dass di Delegierteversammlig bau wird stattfinge z Frouefäud um vu dert us der Eschler ufe Trohn z hiefe.

Mou, das isch e happigi Gschicht, was Annette da ghört. Si luegt der Matter mit viune unverschtändige Ougeufschleg aa und meint de: „Und so eine het wöue Schtadtpresidänt wärde. Das wäri ja zu ere richtige Diktatur usgartet."

Matter drufhärä: „So öppis lani mir natürlich nid biete. Das hei üser Bischizäller nid verdienet. Die sy besser."

„Was gids jetz z mache? Chöi mir da no öppis rette?" fraged d Annette chli unsicher. De nimmt si e Hampfele vu däm Fantasiebärg id Hand, dräit es hin und här, das mou i der einte Hang und de i der angere. Ghiet das Schtückli wider zrügg a Bärg, und schtosst de mit beidne Häng i dä Bärg ine und wüeled drinn ume. De seit si: „Chum, mach ou mit..." und Matter macht es ere noche.

Nach emene Wyli wüele seit Annette: „Wenn di Delegierteversammlig isch ds Frouefäud, wird üse Tag sy!“ de nach emene wytere Ougenblick: „Chum, Isidor, mir hei no viu Arbeit vor üs. Aber wichtig isch, dass es nume mir wüsse, was louft.“
Matter luegt se unverständig aa u meint: „Das muesch mir de scho chli nöcher verzeue.“
Derna sy beidi wider gägäs Amtshus ufegloufe. Woby d Annette Singer em Isidor d Detail vu ihrem Vorhabe uftisched.
U de isch es Schlag uf Schlag gange.
A däm Samschtig Abig, wo ds Frouefäud di Delegierteversammlig für e Philip Escher isch, het der Matter und Annette es Fescht hie z Bischizäl agseit. Es gmüetlichs Zämähocke vu de Schtadtbürger mit Bratwürscht, Brot und Musig. Das söu natürlich a der Thur unge sy, grad näbem Mätteli zue, näbem Fantasiebärg. Annette Singer isch dervo usgange, dass der Escher mit sine Lüt wird a der Delegierteversammlig sy und dert feschte und fiire. So chöi si hie ungschtört ihres Vorhabe dürefüere.
Es isch de ou genau so cho. Escher isch uf Frouefäud und der Räscht vum Schtedtli het sich pflichtgemäss näbem Fantasiebärg ygfunge, für hie chli z fiire.
Aune Mitbürgerinne und Mitbürger wo cho sy, het me ohni grosses Ufhebens z mache näbe der Bratwurscht und em Brot no e Portion Fantasie ab

em Fantasiebärg ufs Täuer gleit. Und d Lüt heis ohni nache z frage gässe. Am Schluss isch nume no es chliises Hämpfeli Fantasie uf em Mätteli übrig gsi.
De het Matter nach em Ässe und de musikalische Kläng no e chliini Aschprach wöue haute. Nume churz es paar Wort zu sine Bischizäller: „Liebi Awäsendi! Mir hei hüt Abe öppis bsungers zum Fiire. Mit fiire d Fantasie wo üs hiuft besser düre Autag düre z cho. Dir heit aui wider die Fantasie übercho, dass ou dir öich konschtruktiv chöit beteilige a der Zuekunft vu üsere bsungere und schöne Schtadt. I danke aune für ihres Mitwirke im Schtädtische Autag und i der Zuekunft.
Aber jetz wei mir doch richtig afa fiire mitenang. Vergässe, was hinger üs ligt und luege, was üs Zuekunft bringt.
Vile härzliche Dank. Proscht mitenang!" dermit erhebt Matter sis Glas ufs Wou vu aune und der ganze Schtadt.

Emene güebte und langjärige Seemaa isch die nächschti Episode sicher no ganz klar und dütlich i der Erinnerig.
Nach viune verschidene Fahrte über di sibe Wäutmeer, het är sis Läbä wöue verändere.
Bis är het gnue gha und sin eigete Herr und Meischter wöue wärde, isch är unter verschidene Kapitäne gstange und bi einige diverse Flagge gfahre.
Sich nöi us z richte und die entsprächende Ziu fescht z lege, das isch nid so eifach gsi. Denn är het sich müesse überlege, was är eigentlich cha mache. Mit was für emene Schiff, dass är in Zuekunft für sich wor ungerwägs sy. Besser gseit, öb är Wahre söui über die wiude und ruhige Wasser ynefahre. Für diversi Materialie hätti är es Containerschiff brucht. Da wäri ou Fischerei e Variante. Ou d Müglichkeit vumene Passagierschiff het är agluegt.
Nach ryflicher Überlegig, langem hin und här, het är gwüsst, dass er wetti go Fisch faa.

Churz drübery het är ou es passends Schiff derzue gfunge. E Sägujacht mit zwene Maschte. Es grosses

Schiff. So eis, wie är sich scho aus chline Junge gwünscht het gha. Die Jacht isch usgrüschtet gsi mit viune Koje und Bett, so dass är ou Passagier hätti chönne mitnä. Aber demna isch ihm grad nid gsi. Fische het är ja wöue. Für siner Fisch de z transportiere, isch hinge im Rumpf e grossi Kombüse gsi mit emene Chüuruhm, woner die Fische de drinne het chül chönne lagere.
Würklich, es imposanti Jacht.

Uf die erschti Reis het är sich so sehr gfröit. Sin eiget Herr und Meischter sy. Eigete Kapitän vu sine Sägu. Siner Gfüu heine nid in Rue la. Är isch hin und här a sire Jacht zue, luegt ufe, abe und Juchzed ganz härzerwermend derzue.
De isch es los gange, mit aune Sägu uf ds Wasser use. Dä gueti Wind um sini Kapitänsmütze ume z gschpüre isch gsi, wie wenn es Ängeli der Haus ab brünelet hätti. Herrlich, hinge am Rueder z schta, die grosse Sägu gseh z schaffe und d Jacht fürezi z bewege. Die liechte Wäue wo derby düre chräftig Bug teiled wärde. Das Schiff wo so schtouz über die glänzige Woge gleitet. Eifach genau so wie sich der Seemaa das i sim Härz scho immer vorgschteut het gha. Und de seit är sich, dass es schad sigi, dass är dä Schritt nid scho ender gwagt heigi. So e übermüetigi Sägujacht. So es herrlichs, tollkühens Gfüu. Dür verwegen Wasser düre.

Zünftigi, töifi Empfindige dörfe gschpüre. Eifach glücklich sy. So rundum zfride.
Nach einige Male wo är für sich eleini sini charmanti, behagleche Jacht usgfüert het, nimt er mou es Fischernetz und wirft das is Wasser. Eifach eis Netz. Zum luege wie sich das wird entwickle. Vor auem öb sich das überhoupt lohnt.
Und de wie het sich das glohnt. Woner gägä Ändi vu sire Fahrt das Netz wider wot ynezie, het är di gröschti Müe gha, das Ganze yne z bringe. Das Netz isch graglet vou Fisch gsi. Nid nume so chlini Grögle. Nei es sy richtig grossi und ansehnlichi Fisch drinne gsi. So viu hets gha i däm Netz, dass der Chüurum hinge der Kombüse fasch vou worde isch.
Mit däm tolle Gschpür vouer Gfüel und Dankbarkeit für die ganzi Wäut und für sich, isch är wider i Hafe zrügg gfahre. Vouer Schtouz het är di Fisch präsentiert und ou sofort aui chönne verchoufe. No einisch es wyters guets Zeiche uf sim nöje Wäg.

So het däm Seemaa und jetz ou Kapitän sy nöi Läbäsfrüelig wunderbar gfaue. Är isch regumässig usegfahre siner Netz go uswärfe.

Doch eines Tages isch aues chli angers gsi. Es het ne tüecht, öppis heig ne packt. Är isch unruhig gsi,

ganz zablig dür sys Schiff gloufe. Chribelig isch ihm ou gsi und het chum chönne ruhig sini Mittags Mauzyt ynä.
D Netz sy im Wasser gsi. Wie immer. Z Wätter isch zwar chli bewöukt gsi, aber ruhig. Auso öppe wie immer. Är het niene gseh, was ihn hätti chönne packt ha. Und das het ne schier zum Wäng uf ga tribe.
Är het sich nid chönne häufe. Das het är jetz eifach müesse über sich la ergaa.
So isch es gange bis d Netz de wider sy dinne gsi. E sehr aschtändige Fischfang isch es alleweil gsi. Nume bim letschte Netz isch es viu schwerer gange, für dises yne z zie. Und woners de ziemlich dinne gha het, het ne fasch der Schlag troffe. Wie gschockt isch er blybe schta und het mit grosse Ouge i das Netz inegluegt, was das chönnti sy da drinne.
Us däm Netz use het ne öppis mit genau glich grosse Ouge agluegt. Het derby aber es schmärzverzerrts Gsicht gmacht.
Ja, är het nid schlächt gschtunet, wo ds ganze Netz dinne isch gsi. E Meerjungfrou het sich i sim Netz verhakt und isch nümme frei cho. Süferli het är ihre useghuufe und ere e Schtuel bsorged, dass si sich het chönne erhole vu dene Strapaze im Netz inne.
De het si afa lächle und sich ganz härzlich bedankt

bim Kapitän. Si heigi doch bau gmeint, jetz heigi ihres letzschte Schtüngli gschlage. Das wärdi si ihm doch nie vergässe, dass är so sorgfäutig mit ihre umgange sigi.
Der Käpten het de gmeint, dass ihm das ou no nie passiert sigi. Är heigi doch scho mängi Gschicht vu sonere Meerjungfrou ghört. Aber no nie eini gseh. Es wärdi sicher nid vili gä vu ihrer Sorte. Süsch hätti är i au dene Jahre uf See sicher scho eini gseh schwümme.
Ja, so isch es hin und här gange zwüsche dene Zwöine.
De het d Meerjungfrou gseit, är heigi jetz zum Dank für sini Hiuf drei Frage fei, wo si ihm wärdi beantworte. Es dörfi scho Frage sy, wo nid em Autag entschprunge sigi. Sonder öppis wo ihn bewegt und no ke Antwort druf gfunge heigi.
Der Kapitän het gschtutzt gha und de gmeint, süsch heigi me doch drei Wünsch frei. Oder?
Woruf d Jungfrou gseit het, dass är nid eifach e Glückspiuz sigi, wie üblich, sondern der Kapitän, wo si befreit heigi. Drum sigi die drei Frage für ihn frei.
Är het de chli schtudiert gha und isch de mit der erschte Frag usegrütscht. – Öb es de gnue Fisch heigi zum fische.
Si het gmeint, dass es für lenger gnue Fisch heigi, aus är überhoupt chönni fische. Wenn är eleini

tüegi fische.
Bi der nächschte Frag isch är sich nid sicher gsi, öb die überhoupt funktionnieri. Är het wöue wüsse, öb die Wäut ou mou üfhöri.
Di spontani Antwort isch de gsi, dass aues einisch es Ändi heigi.
Bi der dritte Frag isch es em Käpten ganz warm ums Härz worde. Es isch im doch einiges dranne gläge, dass die Frag zu sine Gunschte beantwortet wird. Auso. Är het gfraged, öb si bi ihm blibi, oder ömu immer wider zu ihm zrügg chömi, wenn är nach ihre rüefi.
Ja, da isch im viu dranne glägä gsi, dass die Frag für ihn beantwortet wird.
D Meerjungfrou het ne derna mit emene Lächle agluegt, und het derzue gseit, dass wenn är sich öppis vu ganzem Härze fescht wünschi, är das ou wärdi übercho.
Danke, het der Käpten gsesit gha derzue, het es härzhafts Lächle ufgsetzt und de d Meerjungfrou umarmt.
Gli druf het si wider is Wasser müesse, dass si nid uströchni. Si wärdi sich ja sicher bau wider gseh.

Und so isch es de ou usecho.
Der Kapitän het sich gseit gha, da chöi mir öppis für d Mönschheit due.
Är het de Passagiere mitgno gha, wo die „Reis mit

fische und Überraschig“ hei mitgmacht.
Und jedesmou, wenn sini tolli Jacht a die bsungeri Schteu zueche cho gsi isch, siner Gescht mit der Fischruete im Meer gfischet hei gha, isch sini Meerjungfrou um sini Jacht umegschwumme und ab und zue ou a Bord cho.

Dir chöit nech sicher vorschteue, was das für die Passagiere für ne Überraschig isch gsi.

Karawane

Scho wyt bevor di grossi Schtadt Tanger isch z zgseh gsi, ordned Mustafa al Horib der ganze Karawane e Halt aa. Ihri Tier bruche no ke Wasser, di letschti benützti Wasserschteu ligt ersch einehaub Tage zrügg. Di zwänzg Kameu vu der Karawane lagere, lege sich eis näbä ds angere härä, dass di schwäre Ware wider chöi abglade wärde. Di sogenannte Wüeschteschiff würde di Laschte ohni wyteres uf ihrne Rügge chönne lagere. Si würde derby ke Schade näh. Nume Mustafa al Horib isch der Meinig gsi, dass ihri Tier ou e Entlaschtig verdient heige. Mustafa und sini Equipe, sini nöji Familie, het dene Tiere sehr viu z verdanke. Denn, wie hätte si süsch di vile Ware , wo der Mustafa und sini Truppe dermit handlet, vum einte Ort zum angere chönne z bringe. Di Erfahrige hei ihm sowyt ou Rächt gä. Di Kameu sy bis jetzt guetmüetig blibe und fouge ou mit viu schwäre Laschte, ufs Wort.
Während sich d Kameu zur Rascht niderlö, ordnet der Mustafa e chlini Abordnig, für sich i der Stadt Tanger azmäude. D Kouflüt dert sy sicherlich sehr erpicht druf, di nöjie Ware wo Mustafas Karawane mitbracht het, azluege, uszläse und nach chrä-

ftigem Handle yzchoufe.
Di Delegation isch genau agwise worde, wo si sich z möude heige. Wär z kontaktiere isch. Wär aus Aschprächpartner i Frag chunnt.
Mit gueter Unterrichtig und erschte Gschänk macht sich di Gruppe uf e Wäg. Ihri Ross trabe freudig gägä Tanger zue. Die gschpüre wou jetz scho, dass einigi gmächlichi Tage uf si zu cho wärde.
Mustafa hingägä freut sich scho über di guete Gschäft, wo ihm mit sire Equipe i de nächschte Tage glinge wärde. Für ihn isch es jedes Mou e bsungere Reiz, di Kouflüt vu Tanger im Pris z drücke. Das het ou sy houptsächlich Hintergrund. Sit zwöine Jahrzähnt isch es ihm nüme erloubt, di Schtadt z beträtte. Drum raschtet är mit sire Karawane dusse vor der Schtadt. Damaus hei verfrömdeti Familie, Sippe vu Tanger Krieg gfüert. Und Mustafa isch mits drinne gsi. Är het beidi verfeindete Familie belifered mit auem Nötige, sogar mit Munition. Das het denn bewürkt, dass dä unsinnig Chrieg um d Vorherrschaft in Tanger unnötig id Längi zoge worde isch. Derby hets ou vili Opfer z beklage gäh. Und das uf beidne Syte. Das hätti villich verhindert wärde chönne, wenn nid Mustafa sini guete, immens yträgliche Gschäft tätiged hätti. Trotzdäm het är die tätiged.
Das ligt jetzt zwöi Jahrzähnt zrügg. Inzwüsche

isch Mustafa trotz däm Mangu vum Schtadtverbot, riich und agseh worde. Mit sinem fründliche und ynämende Wäsä isch er süsch überau gärn agseh und e agnäme Gascht.

Nach der Rückkehr vu der Abordnig vu Tanger, sy di Manne mit em Mustafa zum Tee im Zäut zämäghoket. Der eiligi Rückritt vu Tanger här het d Manne und d Ross ziemlich usglouged. Ohni Rascht zum Lager zrügg z renne isch e Nötigkeit gsi, wüu schlächti Nachrichte di Delegation begleitet hei.
Hassan, der Sprächer vu der Delegation, brichtet, dass di ganzi Schtadt wider einisch in Ufruer schtöngi. Es nöis Schtadtoberhoupt sigi wou widerrächtilich i dises Amt treit worde. Das heigi der Unmuet vu de Mönsche füregrüeft. Vor auem der Unmuet vu de Händler und Kouflüt. Ds nöjie Schtadtoberhoupt het dä guet florierendi Handu id Häng vu der Schtadt gno. D Händler, wenn si de überhoupt e Handuslizänz wärde übercho, müesse aui Ware bi der Schtadtverwautig choufe. Wou ou no zu schtarch überhöhte Priise. So wäri der gsamti Handu und Wirdschaftsfluss i Schtadthände. Somit wäri das vu zwene oder dreine kontrolliert und beherrscht. Zudäm würdi in Chürzi nume no d Korruption floriere. Süsch nüt meh funktioniere.

Mel Salem, der Aschprächpartner i der Schtadt, het dringend dervo abgrate wyterhin mit der Schtadt Tanger Handu z tribe. Das chönnti süsch em Mustafa, emene so clevere Händler bis zletscht no ds Gnick bräche und der Chopf choschte. Mel Salem hätti sich gwünscht, dass e Angere die Schtadt würdi füere.
Hassan isch derna verschtummt. Fürs erschte isch aues gseit.
Mustafa luegt gedankeverlore id Rundi. Me gseht ihm diräkt aa, wo siner Gedanke häräziele. Denn, nach längem, ryflichem überlege und emene wytere Tee, ziet es befridigends Lächle über sis Gsicht. Rue breitet sich i der Rundi us. E Entscheidig isch troffe worde.

Früe am Morge setzt sich di Delegation mit Mustafa a der Schpitze in Bewegig. Bau isch Tanger erreicht. Mit emene mulmige Gfüu im Mage hautet Mustafa churz sis Ross aa. Dä wichtig Momänt muess är sich uf der Zunge vergoh loh. So lang het är sich dä Momänt härägsehnt. Het sich aber bis da härä nid derzue chönne überwinde. Doch i däm dänkwürdige Momänt isch es so wyt. Und är cha jetzt nümme me zrügg. Das het är sich gelobt.
Mustafa macht sin erschte Schritt id Schtadt Tanger ine. Wider einisch nach zwöine Jahrzähnt.

Mustafa trifft Mel Salem i sim chline Lade. „Ah Mustafa. Willkomme i mim bescheidene Hus. Zwöi Jahrzähnt hani müesse druf warte, di hie aus Gascht begrüesse z dörfe. Chumm, setzt di. Es git grad Tee.“ E härzlichi Begrüessig vum Mel Salem. Me het ihm chönne sini Erliechterig agseh, dass Mustafa sin Wäg nach Tanger zu ihm gfunge het. Dermit het är sofort gwüsst, jetz gits viu z tüe.
Zum Tee isch di erschti Frag vu Mustafa: „Sy diner Manne barat?“ Mel Salem bejaht. Das bestärkt Mustafa sin Plan darzlege. Usfüerlich und detailiert. Ohni Umschweife und Geplänkel. Vo Punkt zu Punkt. Mel Salem seit nid viu derzue. Da und dert örtlechi Details, Insiderwissen us der Schtadt säuber. So verschmiuzt dises Gschpräch zumene grosse Ganze, däm Plan wo aui wei. Süsch würd sich niemer troue, dä Plan uszfüere.

Churz vor em übernächschte Sunneufgang schtö d Manne vu Mustafa und Mel Salem a de wichtigschte Orte i der ganze Schtadt. Mit der ufgehende Sunne gö di zwe Fründe is Regierigsgebäud. Dört übernäme und bsetze si kampflos ds Regierigszimmer vum Schtadtoberhoupt. Vu de Polizischte und de Soudate vur Regierig isch ke Argwohn z merke. Niemer grift y oder verteidigt di Regierig.
Churzi Zyt schpäter chunt ds Stadtoberhoupt i sis

Büro. Ohni sich um di wartende Gescht z kümmere setzt är sich a sin Tisch für di tägliche Ufgabe azgo. Da räuschpert sich Mel Salem u seit unufgfordered: „Losed mou der schtädtisch Rundfunk!“ ds Schtadtoberhoupt luegt vu sine Ungerlage uf: “Was weit dir überhoupt da?“
Mel Salem druf härä: „Losed mou der schtädtisch Rundfunk!“
Der Agschprocheni isch ufgschtande und het ds Radio ygschaute. De luegt är Mel Salem und Mustafa fragend aa. Derwyle e idringlechi Schtimm us em Radie chunt: „Hüt Morge nach Sunneufgang isch vu üs das unrächtmässig amtierende Schtadtoberhoupt abgsetzt worde.“ Do seit Mel Salem zum angere: „Das sit dir! Klar?“ De im Radio: „...kampflos ergä. Aus nöis rächtmässigs Schtadtoberhoupt amtiert ab sofort der allsyts bekannt und beliebt Händler und Koufmann Mustafa al Horib. Aus Wyteres sy aui Schtadtminister per Dekret sofort entlasse und wärde mit rächtmässige und ehrehafte Lüt us der Schtadt Tanger besetzt. D Schtadt Tanger söui Hoch läbä und Mustafa al Horib ou!“
Ds abgsetzte Schtadtoberhoupt schautet der Radio us und luegt no mou mit grosse, verzwyflete und fragende Ouge id Rundi. De macht er ds Mu uf und fragt: „Wär isch...?“ sofort faut ihm Mel Salem is Wort: „Darf ig vorschteue,“ zeigt

derby mit usbreitete Arme uf sin Begleiter, „hie ischMustafa al Horib, ds nöji, ab sofort amtierendi Schtadtoberhoupt. Höch läbi der Mustafa al Horib! – und dir," derzue zeigt är mit em Finger uf der Ehemaligi, „wi dir im Radio heit chönne ghöre, sit dir entlasse. Für immer!"
Der Ehemaligi druf härä: „Nun gut, höch läbi Mustafa al Horib. Aber was söu ig jetz mache?"
Mustafa meint ohni viu z überlege: „Dir chöit mini Kamel hüete. Die schtö dusse vor der Stadt. Dir chöit go!"
Der Ehemaligi geit. De setzt sich Mustafa al Horib a sin nöi Arbeitstisch: „Danke Mel Salem, du bisch en wahre Fründ!"

„Verurteilt zu sächs Monet Gfängnis. Wägä mehrfacher Zechprellerei im Restaurant zum Schtorche. Derzue Sachbeschädigung, Ehrverletzig und Beamtebeleidigung." Seit Richter Borger zum Aklagte: „Heit dir no öppis derzue z sägä?" warnend erhebt der Richter sin Zeigefinger: „Bevor dir öich uf d Escht uselöt, müesst dir no wüsse, dass ig die Schtraf no cha verlengere, wenn dir öich nid aschtändig verhautet!" Der Aklagt, Hardy Dofender, sitzt i sim Schtuel gägenüber em Richter. Die Verurteilig het är mou ziemlich ruhig entgäge gno. Es isch im viles derby düre Chopf gange. De isch er ufgschtange het der Richter läng agluegt und het de gfraged: „Was söi ig de im Gfängnis? Und das sächs Monet lang. Da wird's mir ja längwilig. Chani nid öppis angers mache derwyle? E angeri Müglichkeit di Schtraf abzsitze?" de het är sich müesse schnütze. Fahrt de wider wyter: „Herr Richter. Ig weiss nid so richtig, was ig dert inne söu. Auso ig weiss eigentlich gar nid was das ganze hie söu sy. Ha ja nid auzuviu gmacht wo isch kaputt gange. Chöit dir mir das erklähre? Herr Richter?"
Richter Borger het ne mit sichtlich länge Ouge

agluegt u meint de: „Herr Dofender. Dir heit no nid begriffe um was es da geit?“
„Nei, nonid richtig. Ha ja nid viu gmacht!“
„Auso. Das isch ganz eifach z erkläre. Einersits heit dir öji Komsumation im Schtorche nid zaut. Das isch nid grad die feini, suberi Art. Meined dir nid ou?“
„Wenn dir das so säged…“
„Zum angere heit dir us weune Gründ ou immer, zwe Schtüel zämägschlage, Gleser sy deswägä in Brüch gange und ou e Tisch und e Schchaft hei verschidentlichi Näggi ab übercho. Und das isch Sachbeschädigung. Übrigens, Sachbeschädigung, wo dir verursacht heit. Drum syt dir derfür ou verantwortlich. Heit dir das wenigschtens verschtange?“
„Ja, Herr Richter, das scho. Aber es isch ja nid viu kaputt gange. Nume zwe Schtüel!“ Hardy schnützt sich scho wider. „U wäg dessi, wäg dene zwe Schtüel mues ig jetz sächs Monet hinger Gitter?“
„So isch es, Herr Dofender.“ Seit der Richter, „So isch es. Und aui di angere Delikt derzue. Das git de zämä sächs Monet!“ är macht e Pouse, bletteret i sine Akte und seit de: „Somit isch die Verhandlig abgschlosse. Der Verurteilti cha grad i sini Zällä gfüert wärde.“ Und chlopfed mit em Hämmerli ufs Phult.

Dermit fö di erschte Tage für Hardy im Amtsgfängnis afa loufe. Es isch ihm längwylig. Das cha me ja begryfe. Der lieb läng Tag nume i sire Zällä sitze, d Gitte aschtarre und süsch nüt chönne mache. Das isch verschtändlicherwys längwylig. Ussert bi der Ässensusgab het är ke Kontakt gha, mit angerne Lüt. Das isch für Hardy, wo süsch so gärn unger Mönsche isch gsi, schwirig und nid eifach z erläbä. Die Situation, das Drum und Dra, het bi ihm e schuderhafti Gitter Luune usglöst.
Was het är no chönne mache. Da sitze und öppe chli läsa. Me het ihm di nöischti Tageszytig bracht und ou d Bibu isch uf em Nachttischli glägä. Mit dere het är aber nid auzuviu möge afa.
So sy für Hardy di erschte Tage eitönig und ganz langsam verby gange. So langsam, dass er sich ufs Mou het e sim Schicksau ergä und eifach der Abe abgwartet. Denn, während em schlafe het är nid müesse a sim Schicksau umeschtudiere. D Nacht isch eifach so umegange.

De isch der Tag cho, wo Hardy vum Amtsgfängnis ine gschlosseni Aschtaut isch verleit worde. Dert hets ähnlich usgseh. Viu Gitter, weni Liecht und Sunne aber viu meh Lüt. Gitter Luune isch ihm scho wider z forderscht vorne gschtange. Trotzdäm isch Hardy scho chli wöhler ums Härz worde. Wenns viu Lüt ume het, de chame sicher ou

ploudere und muess nid so viu am Schicksau ume grüble.
I dere Aschtaut het är ou wider e Zällä für sich eleini übercho. Das isch ihm sichtlich agnäm gsi. Wüu es bizeli Privatsphäre het sich Hardy scho gärn usegno.

Was sich de i de erschte Tage am nöie Ort doch no aus positiv usegschteut het isch gsi, dass öppe chli Arbeit ume gsi isch. Scho mou einisch het är dörfe id Wärchschtatt go d Gwungernase fuetere. U süsch hets no öppis guets gha. Im Namittag inne hets no Usgang gä. Nei, me het nid dörfe i nächschti Schtorche eis go häbä, nei es isch nume der Innehof vur Aschtaut, wo aus Usgangsort dient. Dört gits chli schportlichi Betätigung und was für Hardy no wichtiger isch, es git Lüt, wo är mitne het chönne rede.
Hardy gniesst wider einisch amene Namittag der Usgang uf em Hof. Rächt Betrieb isch uf em Platz. Di meischte Häftlinge fröje sich uf dä Momänt am Tag, wo si sich frei dörfe bewege.
Ufs Mou ghört är, wi öpper rüeft: „Hardyyy." Är luegt um sich, wär do so uverschämt rüeft. Uverschämt, wüu die Usdruckswys vu sim Name no us der Schuelzyt isch. Damaus isch Hardy uf die Art, mit däm Namensusdruck ghänsled worde. Niemer hat damaus genau begriffe, was i Hardy

schteckt. Är het sich de meischtens sehr heftig ufgregt über die Unverschämtheit, sin Name derewä z verhunze. De ghört är wider wi dä rüeft: „Hardyyy!“ Jetzt suecht ät intensiver nach däm Rüefer. Und är het ne do gseh! Eine wo mit ämänä breite Lache überem ganze Gsicht, winkend uf Hardy zue chunnt. De schteit dä vor ihm. Lached immer no so breit und seit: „Hardyyy! Scho lang nümme me gseh!“

Hardy luegt ne läng und verschtändnislos aa, fasch eso aus hätti är e Geischt vor sich. Und meint: „ Wohär kennsch du min Name, bsungers uf die unverschämti Art wie du ne usdrückt hesch?“

Hey, Hardy!? Kennsch mi würklich nümme? Z letzscht Mou hei mir üs sicher uf em Schuelplatz gseh! Nu guet, das isch haut scho eländ lang här.“

„Mou, d Schuelzyt isch wahrlich scho lang wäg und hinger üs. Aber, ähmm… wär du bisch? Das chunnt mir jetz ou nid grad i Chopf. Sy mir zämä id Schuel? Auso wenn ig di so aluege, der Bart und di vile Faute wägdänke, de chönntisch der Süggi Grabacker sy. Hani rächt?“

„Mou mou Hardy. Dis aute Gedächnis isch anschynened no in Takt! Hesch rächt. Jürg Grabacker. Hä, Süggi! Das hani ou scho lang nümme ghört.“

“Auso Jürg. Wie bisch de du i die Institution hie

grate?“ fragt Hardy ganz gwungerig.
Jürg lugt ne lenger aa, wie wenn är die Frag nid verschtande hätti. Nach lengerem ringt är sich de glych düre, Antwort z gä: „Ha eine heftig zämä gschlage. Jetz hoket dä immer no im Rollschtuel und suecht sis Glychgwicht. Aber ‚Hardyyy' wie hesch du de gläbt? Ha nie öppis vu dir ghört?“
Hardy mues zersch mou lär schlücke: „Aber nume wenn de ufhörsch mit däm ‚Hardyyy'. D Schuelzyt isch scho lengschtens verby. Und es isch viu gange sider.“
„Aber ‚Hardyyy'! Das isch so e guete Name gsi für di z föpple. Und immer wider glatt, di uf d Paume z bringe. Bisch damaus scho so schnäu verruckt worde. Das het haut Spass gmacht! Isch aube richtig luschtig gsi. Guet i wüu di nümme uf die Art beläschtige. Ja, d Schuelzyt isch wahrhaftig scho lang verby.“ Inzwüsche sy beidi zämä mou abgsässe gsi uf däm Bank, ganz am Rand vum Hof. Es het ou e lengeri Pouse gä. Hardy wie ou Jürg hei i der Wäutgschicht ume gluegt. De fat sich Hardy a röischpere, lugt Jürg aa und fat mit sire Gschicht afa verzeue: “Ja, Jürg. Du masch di sicher no erinnere, dass ig mi damaus für Beieli interessiert ha. Bi ja bi Hofers go häufe d Beieli pflege. Nächär hani mini Eigete gha. Und vor auem mis Wüsse über die Beieli erwyteret. Ha denn fasch aues über die Tierli gwüsst. Do derby hets viu verschidenes

üsserscht kurioses und ussergwöhnlichs gha. Was mi dervo ganz speziell ygno het, isch es Chrütergmisch mit Beieliwabeextrakt gsi. Dises Gmisch hätii söue bewürke, dass me unsichtbar wird. Das ganz und gar. Die Betrachtige, dass me chönnti mou unsichtbar dür d Lüt düre loufe, das isch e heftigi Sach gsi, wo mi de ou nümme me los glo het."

Der Jürg het ne unglöibig agluegt: „Ha! Unsichtbar! Irgendwie glycht dir das. Hesch denn scho so komischi Ideee gha. Aber das schiesst jetz der Vogu ab. Du wosch jetz nid sägä, das mit däm Unsichtbare das funktionnieri? Zue z troue wäris dir. Aber das gits ja nid. Süsch würd me das ja im Blick gläse ha."

„Nu, Jürg. Chasch es gloube oder nid. Es het funktionniert!"

„Eh, verzeu ke Seich. Das cha doch gar nid sy. Vu däm hätti me sicher scho ghört."

„Das wird haut nid a di grossi Glogge ghänkt. Es chunnt ja ou vu Asie här. Bi denn äxtra nach Singapur greised, für das Wüsse drüber im Praktische z erfahre. Im chinesische Viertel irgedwo imene Hingerhof hani zerschte Mou gseh, wie Unsichtbar usgseht. Und natürlich ou säuber usprobiert. Cha dir sägä, das isch es kurligs Gfüel, so da z sy und es gseht di niemer. Füusch di so frei, so eifach nume di. Ohni dass öppis muesch oder

söttisch wis di angere sägä und wei. Ja, würklich. So richtig frei. Chasch mers gloube. Ha mi i däm Momänt eifach gross und starch gfüelt. Ig bine eifach gsi!" Dodermit lächled Hardy id Gägend. Verzückt. Dene herrliche Gedanke noche hangend.
Jürg het do fasch nid gwüsst was sägä. Eigentlich het är ja gar nid wöue gloube, dass das funktionniere cha. „Wenn das stimmt, was du do verzeusch, Hardy, hesch das Ungernämä ‚Unsichtbar' nid wöue hie bi üs vermarkte? Do hättisch doch Erfoug gha dermit."
„Ou, vergiss das Jürg! So öppis darfsch gar nid vermarkte. Chasch sicher sy, derna wäri hie inne aues überfüut. Nume Ganschter!"
„Aber," seit Jürg druf und chunnt so richtig in Fahrt: „Wäri doch e heissi Sach. Es verdammt guets Gschäft. Denno ig begryfe di. Hesch wenigschtens für di säuber es Gschäft drus gmacht? Wäri scho no verruckt, wenn du das nid chli usgnützt hättisch."
Hardy schmunzlet: „Sicher hani das für mi gnützt. Ha ja ou Gäut brucht. Die Reise und Ufenthaute in Singapur sy ja ou nid gratis gsi. Momou. Ha scho für mi gluegt."
„Jä, was hesch de posged? Bisch desswägä hie inne und gniessisch üsi Gitter Luune?"
„Nei. Ha nid wöue e Ganschter wärde. Ha das

scho clever agreised. Es isch eifach gsi. Ha mir überleit, wenn ig öpperem chli Gäut wetti wägnä, grad söfu, dass es für mi längt, wäm tuets am wenigschte weh. Nach ryflicher überlegig bini druf cho, dass der einzig Ort ds Casino isch. Dört wird gspilt zum gwinne. Me cha ou verlüre. Das isch dert einierlei und ligt so noch näbänand. Wi ei Zahu näb der angere. Asie isch derfür es guets Pflaschter gsi. Singapur, Macao, Honkong und Manila. Die Schtedt wos nume so wimmlet vu Schpilhölline und Casinos."

Jürg het ihm ganz gchspannt zue gloset. Zwar sehr kritisch und ou es bizeli unglöibig, aber ganz gchspannt. De het er Hardy gfraged: „säg einisch, Hardy, du wosch mi doch sicher uf e Arm näh. Das isch doch viu z eifach, aus dass es hätti chönne klappe. Wie hesch de das agschteut, dass da is Casino ine cho bisch? Das cha doch nid so eifach gsi sy."

„Hesch du e Anig, Jürg, das isch viu eifacher gsi, aus dass du meinsch."

„Äh, chum jetz aber. Das gloubt dir ja ke Mönsch!"

„Mag sy. Das isch mir ou glich. Ig jedefaus weiss, dass es stimmt. Ha nämlich ganz guet gläbt derby."

„Wi de meinsch, Hardy. Aber verzeu mou wyter. Es nimmt mi glich wunger, wis usecho isch."

„Gärn. Ig bi eifach i nes Casino ine, ha mi dert agmäudet und bi de es paar Rundine am Roulettetisch ga spile. Am ne settige Tisch isch ender es Drück und viu Lüt. Das faut de nid so schnäu uf, wenn chli öppis wäg chunnt. Für die Aktion bini nach em Schpiu uf d Toilette und ha mi mit em Gmisch unsichtbar gmacht. De wider a Roulettetisch go ykassiere. Do es paar Chips, dert ou es paari. So wyter a de verschidene Tische. Das het mir grad guet söfu gä, das ig rings ume guet ha chönne läbä. E schpassigi Sach. Isch eigentlich ou nie ufgfaue. Jedefaus hani nie öppis ghört. Di söttige „Gwinne“ sy bim umtusche nie ufgfaue. So viu hani nie ufs Mou la mitloufe. Mou, isch würklich e gueti Zytg gsi.“
„Tönt guet!“ seit Jürg druf. „Das chönntisch, wenns überhoupt funktionniert wi du verzeusch, ou hüt no mache. Wäri doch immer no e yträglichi Queue. Oder nid?“
„Wenns no gieng, wäris das wahrhaftig!“
„Aber was de?“ fragt der Jürg erstuunt: „Was isch de nümme guet?“
Hardy het gschmunzlet: “Woni wider einisch uf Singapur cho bi, isch d Wäut für mi mou Chopf gschtange. Zersch hani mi ufs Mou frütsch verliebt. Es nätts Mädi isch mer imene Casino übere Wäg gloufe. E haubi Yheimischi. Der Vater sigi Ängländer gsi, het si gseit. Rosann heisst si. Wundervoui

Momänte hei mit dörfe verläbä."
„Hesch de wäg ihre das Unsichtbare ufgä?"
„Nei, nei! Das het nüt mit der Rosann z tüe. Nei. Einisch bini wider zu mim Meischter, wo mir das bybracht het. Besser gseit i ha wöue ga. Ha wider Chrüttergmisch müesse ha. Derzue hani wöue nach sim guete Rezäpt frage. So, dass ig die Mischig säuber hätti chönne mache. Aber ig bi z schpät cho. Der Meischter isch gstorbe gsi. Und mit ihm isch ou z Rezäpt furt gsi. Für immer.
Das het de gheisse, dass ig mi mit däm dürftige Räschte Gmisch woni no ha ga, chräftig mit Münz ha müesse ydecke, das es für lengeri Zyt ma länge. Bis ig wider e gueti Queue oder Arbeit gfunge ha."
„E bittere Schlag für di. was hesch de gmacht? Dert hesch wou nid chönne Beieli züchte." Jürg lached chräftig derzue.
„Do hesch rächt. Beielizüchter hets dert ume gnue gha. Bi scho chli am Bärg gschtange. Aber i ha z Gfüel gha, dass sich scho irgendwie es Törli chönnti ufgo. Ja, Jürg, ha nid emou lang müesse warte druf."
„Wiso? Was het sich de ergä?" fraged Jürg ganz nöigiirig.
„Nume nid gschprängt, Jürg. Schön der Reie na. Ja, d Rosann isch e Glücksfall gsi für mi. Viu gueti Momänte hei mir mitenand verbracht. Vor auem sy mir viu go spaziere. I ha ja gnue Zyt gha derfür.

Und d Rosann? Nu si isch eifach mitcho. Öb si tatsächlich ou die Zyt gha het isch mir nid klar. Uf jedefau isch si gärn mitcho. derzue het si mir viu vu dere wundervoue Schtadt Singapur zeigt. Was mi jedsmou wider fasziniert het isch ds Hotel „Raffles Place". Es isch es Füfschtärn Hotel vu der aute Garde und der beschte Klass. Mir sy dert ine für em Wohlgschmack vur Teatime z fröne. Wie di aute Ängländer dert gsässe sy hesch richtig gseh und gspürt. Es voukommenes Gfüel vu Behaglichkeit und Wohlbefinden. Es isch aus wär me säuber so e Ängländer gsi. Am Afang hets mi komisch düecht und bini mir chli komisch vorcho ohni die Teetradition. Aber je lenger desto meh hets mir afa gfaue. Drum sy mir ou immer wider dert ine. Go aschtändig und usgibig Znachtässe hani dert ine de aber glich nid dörfe. Das hätti chum vermöge. Oder besser gseit, es hätti es grusig grässlichs Loch i mis Portemonnai grisse.

Dernäbä sy mir viu am Schtrand go spaziere. Dür di verschidene Häfä. Eifach am Wasser na. Es het ou Schtrand gha zum bade. Ou dert hei mir üs ab und zue nidergla. Es sy de ou die Momänte worde wo mir üs so viu z verzeue hei gha. Über au die verschidene schöne und intensive Tage und Schtunde wo jedes vu üs mou verläbt het. Das isch ganz angers gsi aus süsch öppe imene Gspräch wo me so füert. Do sy vili Details usecho wo me im

Augemeine süsch nid so schnäu verzeut. Das hets de um so meh usgmacht, dass mir üs gägäsytig viu meh vu üs verzeut hei, wüu jedes di Wort vum angere gschetzt het. Es isch es gägäsytigs Vertroue da gsi. Meh aus me hätti chönne meine. Eifach Vertroue.
Rosann isch de mou mit der Idee cho mir chönnte is Theater go. I heigi ja ou so viu verschidenes erläbt und ou immer wider usergwöhnlichi Situatione mitgmacht. De würdi mi dises Theater sicherlich ou fasziniere und gfaue.
Mir sy de tatsächlich ines Theater ine gange. Es isch mit irgendwelche chinesische Schriftzeiche beschribe gsi, was am hüttige Tag gspiut wird. Ha de Rosann ume Erklärig vu dere Asag in Chinesisch bätte. Si het de gmeint, ig söu mi eifach la überrasche. Warschinlich heig ig no nie so es Theater gse, es wärdi mir trotzdäm sicher gfaue.
Nu, was isch mir de angers übrig blibe, aus näbe der Rosann härä z höckle und mi la überrasche. Nume überrasche loh het eifach nid glängt. I ha mi ganz und gar druf ylo und meh gspürt aus dänkt. Das het Wunder gwürkt.
Woumäu! Da isch öppis uf mi zue cho. Chasch mirs gloube, i ha kes einzigs Wort verstande. Es isch ja aues Chinesisch gschproche gsi. Aber die Darschteuer hei so intensiv gschpiut, so gfüuvou und em Schtück ergäbä, dass ou ig nume dür d

Darschteuig dere Gschicht noche ha möge. Viu verschidenes isch ou mit Malereie im Hintergrund adütet gsi. Die Malereie hei de vu Biud zu Biud gwächsled, oder sy wider zrüg cho. So wi bi üs es Bühebiud veränderet wird. Übrigens wunderbari Malereie. Do chönnti sich bi üs no öppe eine e Schibe dervo abschnide, so guet sy die Biuder gmale gsi. Und d Rosann het mir de nächär gseit, dass disi Biuder wou guet glunge sige, aber es sige eifach nume Biuder für uf d Bühni. Auso nüt ussergwöhnlichs oder schpezieu schöns. Denno das ganze het mi fasziniert. Und je lenger das es gange isch, desto intensiver und schpannender isch das Theater worde.
Si hei e Gschicht verzeut derby, wo zwe Familie sich gägesitig nid hei möge usschta. Die Einti isch sichtlich nidisch gsi uf di Angeri. Si hätti d Risfäuder und di paar Hüsli vu de angere lieber säuber ou gha, anschtatt i ihrem chline Hüsli, mit em chline Risfäudli z vegetiere. De isch de em Vater vu dene d Idee cho, sin Suhn chönnti mit der Tochter vum angere go abändle. De, we de die Hochzyt wird schtattfinde und der Suhn Meischter isch über d Tochter, so wird är de ou die grosse Risfäuder und Hüser chönne miterbe. Näbäby gseit wäri das sicher e gäbigi Lösig gsi für die Familie. Aber si hei nid mir em Grossvatter vu de Angere grächnet. Dä het, wüu ja ihm no au die

Ländereie und Hüser ghört hei, aues verchouft. A wäm isch i däm Momänt nid klar gsi. Es isch übrigens ganz gschickt dargsteut gsi. Der Grossvatter isch mit em Chöifer amene Tisch ghocket. Der Grossvatter isch vou im Liecht gsi, auso üsserscht guet belüchtet und der Chöifer isch im Dunkle gsässe. Me het vu ihm nüt chönne erchenne. Und de isch immer wider viu Musig gmacht worde mit Trummele und Cinelle. Ganz abartigi Musig, wo für üsi Ohre doch scho sehr gwöhnigsbedürftig sy. Ja, auso. Der Grossvatter het dermit verhinderet, dass der Nachbar dür di Hürat, wo übrigens mit viu Gestik und grosse Wortschlachte irgend einisch zuegschtimmt worde isch, ad Ländereie und Hüser härä chunnt. Es isch e wunderbar usklüeglete Plan gsi, für däm Nachbar es Schnippli z schla. Me hets de em Nachbar ou agseh, dass dise nid zfride mit dene Machetschaft isch gsi. Är het de probiert, bim Ortseutischte z intereniere, für a sin Wunsch härä z cho, auso di Länderei und Hüser vum angere. Doch, wie wettis ou angers sy, der Ortseutischt isch mit em Grossvatter uf ganz guetem Fuess gschtange und het dä Verchouf guet gheisse. Do isch em Einte nüt angers übrig blibe, aus yzluege und z töibele. Sini nöiji Schwigertochter het de ou no e Brueder gha. Und dä isch natürlich bi däm Handu ou lär us gange, wüu ihre Vater ja vu sim Vater, em Grossvatter de nüt wird erbe. Die si im erschte Momänt ou möff gsi über die ganzi Gschicht, hei sich aber nach ere Tischrundi mit em Grossvatter mächtig beruhigt und sy üsserscht glücklich gsi. Wüu ig die Gschpräch a der Tischrundi nid verschtande ha, bini druf gspannt gsi, wies wird use cho. Was der Plan vum Grossvatter isch gsi. Denn i ha mir nid chönne vorsteue, dass diese eifach aues verchouft und siner Lüt im Rägä lat la schta. Är het nämlich immer e guetmüetigi Mine gmacht. Drum hani das nid chönne gloube.

Es isch de einisch Zyt cho, wo ds früsche Ehepaar es Chindli übercho hei. Es isch es grosses Fescht drum ume veranschtautet worde. Mit viu Musig und grossem Ässe. Zwar hets nid viu Gescht ume Tisch ume gha aber es isch doch rächt lut und luschtig zue und här gange. Plötzlich het me uf der angere Syte vur Bühni e chline Tisch belüchtet gseh. Dranne sy zwe Pärsone gsässe. Der Grossvatter und der frömdi Chöifer. Mir hei di zwe ja scho mou gseh, vorhär. Ä däm Tisch isch das gliche vu denn no mou vorgange, nume uf e ungekehrti Wäg. Jetz het der Grossvatter vum damalige Chöifer öppis kouft. Isch für mi chli kurlig gsi, ha das nid so richtig verschtange. Bi de eifach uf dä Gedanke cho, dass der Grossvatter sim nöischte Enkelchind jetze die Ländereie und Hüser wird vermache. So, dass desse Eutere und Gosseutere

nüt dervo hie.
Aber wyt gfäut. Tatsächlich het der Grossvatter däm Unbekannte siner Ländereie und Hüser wider abkouft. De het är sin Grosssuhn a Tisch bätte. Das isch auso der Brueder vu der früsche Mueter. Und däm het der Grossvatter für ei Münze die Ländereie und Hüser wyterverchouft. So hets der Grossvatter gschaffet, dass der anger, wo doch so gärn die grosse Risfäuder gha hätti und gmeint het mit der Hürat vum Suhn berchömi är de die ou, lär usgange isch. Dä säb het jetz auso nid meh gha aus vorhär. Nüt meh aus zwöi Müler meh am Tisch, wo täglich zum schtopfe sy gsi.
I mues sägä, e hervorragende Plan, wo do der Grossvatter usklüeglet het, um sis Hab und Guet i der Familie z phaute. Und das ohni öpper diräkt z hingerga. Das isch würklich herrlich gsi.

Es gervorragends Theaterstück. Ou weni kes einzigs Wort verstande han. I ha auso der Rosann müesse gratuliere, dass si mi scho so guet kennt het i der Zwüschezyt, für mi eifach so ines Theater go entfüere. Druf härä isch es mir gsi aus wetti d Rosann entfüere zum Nachtässe. Nenei, nid is „Raffles Place“. Nei das doch de wider nid. Aber wenn mir scho es chinesiches Theater gse hei, de gö mir ou chinesisch go Znachtässe. I ha scho vor lengerem e Chines kenne und ou schetze glernt,

woni öppe mou zueche gsässe bi. Nid es prunkvous Geböid mid herrliche Plüschsässle und ygleite Tische, verzierige a der Wand und grossi Malereie. Nei, überhoupt nid. Dä Chines isch scho sit Jahre mit sire Chuchi a der Strass, am Strasserand gstange. E ganzi Chuchi mit auem Drum und Dra. Und am Trottoir zue sy es paar Tischli gsi mit de Schtüu. Es isch ds puure Gägätu gsi zu „Raffles Place", aber genau so gmüetlich und übrigens sy di Lüt dert no viu zuvorkommender gsi. Die sy immer wider cho frage obs guet sigi und ou passi. U wenn mit de Stäbli chli Schwirigkeite gha hesch, hei si eifach e Gable bracht. Das ohni es Wort z sägä.
Nume eis mues ig no zuegäh. I weiss bis hüt no nid was ig gässe han dert. Aber das macht nüt. Es isch jedes Mou ganz köschtlich gsi. Ja, zum useläsä hets nid e Spiischarte gha, nei, du bisch eifach ad Chuchi zueche und hesch agluegt was usgschteut isch gsi. De hesch gseit, i wot vu däm und däm und däm, grad wi amene Büffe. De hei si aues schön zuebereitet und a Tisch bracht. Mou, würklich herrlich isch es gsi. Das vermisseni mängisch scho."
Der Jürg het de druf härä gseit: „Das isch wou der besser Fras gsi aus hie i üser Institution. Da chame ja Mängs gar nid ässe. Es isch ömu gar nid amächelig. – und wie isch es wytergange mit dire Rosann? Chum verzeu! Es muess ja no wyter ga!"

„Sicher, Jürg. Nume nid hetze. Mir hei no viu Zyt. Übrigens hesch scho rächt. Dert bim Chines isch ds Ässe würklich viu köschtlicher gsi aus hie inne. Aber das wärde mir ou überläbä. Ig hoffe, wenn ig de hie use chume, dass ig wider einisch zu disem Chines cha go."
„Jä wosch doch sicher dini Rosann go bsueche. Nime ig aa. Das wirsch du dir ja nid la entga. Oder gseni das fautsch?"
„Nei, das gsesch du scho richtig. Ig go den d Rosann go bsueche. Villich chunnt si ja de ou mou dohärä. Wär weiss? Aber das isch no Zuekunftsmusig."
„Nume ke Angscht, Hardy, das schaffsch du scho. So wie du verzeusch, hesch du scho einiges meh uf d Bei gschteut und miterläbt, aus me sich denn i der Schuelzyt hätti chönne vu dir la tröime. E so es Mauerblüemli, wi du denn no bisch gsi. Aber me cha sich haut ou tüsche. Zum Glück für di. Ig mas dir gönne." Jürg schnufed töif, zündet sich wider einisch e Stunpe a, luegt id Gägend use, grad so wi wenn är ou wetti dert sy, wo ihm Hardy dervo verzeut het.
Hardy gset di Tröimerei vu Jürg u meint: „Wär weiss. Ou du chasch es schaffe. Nächär isch de no viu Zyt frei für di. Nimms eifach id Hand. De gseh mit üs de villich mou dert bim Chines. Isch ja doch guet müglich."

„Isch fasch zu schön um wahr zu sein. Aber e guete Yfau isch es einewäg. Das wärs! Du und ig dert bim Chines am Strasserand... Aber verzeu wyter bevor ig no zu mire Gitter Luune zrügg chume. Das wäri jetz nid schön. Du verzeusch so guet. Mach wyter!"
„Ja, auso. Es isch de mou der Momänt cho, woni mir ärnschthaft ha müesse Gedanken mache, wie das söui wyter ga. Auso, nid dass ig hätti wöue d Rosann la ga. Im Gägäteu. Es isch es ganz tolls und lockers Verhäutnis gsi zwüsche üs zwöi. Nei, auso so öppis hätti mir de scho nid chönne vorschteue. Di Zyt mit der Rosann zämä het ou mir sehr viu bracht. Grad ou weni a das dänke, wo nächär cho isch. Di vile intensive Gschpräch mit Rosann, di vile Gschichte wo mir üs verzeut hei. Genauer, die unvergleichbare Momänte, wo mir üs so ausgeprägt, so detailriich vorgschteut hei, üs die Begäbehiete nöcher bracht. Aues e wichtige Teil us üsem Läbä. Ja, genau das het mi uf e gloorriichi Idee bracht. Werum mache ig nid öppis us däm auem? Bsungers, da d Rosann imeine Fernsehstudio gwärchet het. Si het gseit aus Assischtäntin vum Produzänt. Was das ou immer mag heisse. Es isch derfür ds usschlaggäbendi gsi, zum umsetze vu mir nöje Idee.
Ig bi auso dra gange, es Skript z erschteue. Das isch e glatti Sach worde. D Idee het dert drinne besch-

tande, dass es nöis Format, auso e nöji Schow im Fernseh setti erschine. Die Schow isch im änliche Rahme wie „Man sucht den Supperstar“ und so wyter. Vor e Jury. Hingedra ds Publikum. Und uf der Bühni d Protagonischte. Und die Darschteuer, wo de uf d Bühni cho sy hei nid söue singe, tanze oder es Schowschtückli bringe. Es het söue ganz pärsönlich sy. Nid das nochegmachte Züg, sondern öppis us dere Läbä. Öppis eigeds. Ganz eigeds. Nämlich e intensive, spezieue Momänt us em Läbä verzeue. Nid eifach so verzeue. Sondern so übere bringe, dass es eim der Rügge uf und ab chramseled. Dass es eim tschudered vor Erregig über die Gschicht. Die het mit Begeischterig mit viu innerer Chraft und Lideschaft darbotte söue wärde. Dass es eim aus Zuehörer packt. Ja, das isch mini Idee gsi. Haa die natürlich der Rosann brüewarm vorgschteut. Und was isch worde! D Rosann isch sofort Füür und Flamme gsi für die nöji Schow. Schnuerschtrakts isch si mit mir zu ihrem Chef, em Produzänt. Dä het das ganze aglost. Es isch glatt gsi, sire Mimik z fouge, während em verzeue. Anschinened isch dä Produzänt süsch e verschlossene Maa. Aber wärend mine Usfüerige isch sini Mimik immer nöcher richtig Fröid gange und het de tatsächlich es Lächle uf d Lippe bracht. Das het mir innerlich e Schtupf und ds Vertroue gschtercht, no eine druf z lege. Das heisst aues so uszblüemele, dass dä Produzänt jetze gar nümme me cha nei sägä. Und? Chasch mirs gloube. Ei Stund später het är mit ja gseit. Mir hei de e entschprächende Vertrag ufgsetzt und ungerschribe. Derna bini wider mit voune Seck da gsi.

Der Produzänt het de ou nid lang Fäderläsis gmacht und die Schow innert chürzerschter Zyt uf d Bei gschteut. Aus Jury-Füerer und Zugpferd het är der berüemtischt Schowmaster vu Singapur chönne engagiere, Radal Garang Gachnang. Und genau dä hets de ou richtig guet bracht. Hets dene Interprete, Darschteuer, Protagonischte oder wie me de Erzähler uf der Bühni het wöue sägä, öppe mou d Fädärä gschtutzt, dass si mit ihrne trochene Gschichte nid auzuwyi i Himmu ufe flüge. Hingägä hets ou geniauschti Interpretatione drunger gha, wos der würklich chaut und warm der Rügge uf und ab gloufe isch. Lüt wo würklich hei chönne verzeue, was si erläbt hei. Das isch de meischtens viu meh gsi, aus eifach mou der Wunsch sich chönne z präsentiere, und mou wöue im Fernseh ufträtte. Ig bi ou immer yglade gsi aus Gascht i dene Zueschouer inne z sitze. Mou, e wahri Fröid, wie mini Idee hie umgsetzt worde isch. Das het mir guet do und het mir ou gfaue."

„Meinsch auso, du chönnisch Schtouz sy uf dini guete Gedanke?" macht de Jürg i die Pouse ine,

fasziniert vu däm wo Hardy verzeut het. Und müglicherwys isch Jürg i däm Momänt ou chli respäktvoller ob däm ghörte. Ou är isch ja lang gnue verächtlich mit em Hardy umgange, i der Schuelzyt. Und dennzumou hät er ihm so es erfougriichs Gebahre bi wytem nie zuetrout. „Das isch guet. Hut ab, Hardy. So e Gschicht wär de doch nie in Betracht cho damaus ir Schuel. Mou, gratuliere. Hesch de die Idee hie ou scho abotte? Chöi mir das ou mou im Fernseh gseh? Villich geisch ja hie mou säuber öppis go verzeue und schteisch de uf der Bühni? Das wärs doch! I gloube für mi wäri das nüt. I ha nid so viu guets und schpannendes erläbt, dass ig das chönnti so vor aune Lüt priis gä. Oder was meinsch, Hardy?"
„Lue, jedem das sini. Das isch so, Jürg. Ou ig bi lieber i der Zueschouersyte gsässe und ha sehr gärn zueglosed, ou weni säuber gärn tue verzeue. Aber zuelose, bsungers öppis tollem, das isch genau so schön. Ja, die Schow. Auso, öb si bi üs de ou wird z gseh sy, das hani dene Lüt dert änä überla. Wenn ja, de hani ou öppis dervo, wenn nei, de isch ou guet."
Derna sy beid da gsässe und sy ihrne Gedanke nache gange.

Einisch später, Hardy isch no es paar wenigi Wuche übrig blibe, vu dere Gitter Luune wo är ab z sitze het gha. Dusse uf em Hof isch er für einisch am Ball schpile gsi, mit de angere zämä. De chunnt e Wärter und rüft: „Dofender, chum do härä!" dä het das sogar zwöi mou müesse sägä, so isch Hardy is Schpiu vertöift gsi. Woners gmerkt het isch Hardy zum Wärter und fraged was de sigi. Es sig ömu nonid Zyt für ine. Do het ne der Wärter gheisse, zum Diräktor ine z cho. Hardy isch verblüfft gsi. Das isch ihm no nid passiert. Zum Diräkter het är no nie müesse ga. Und er isch sich ou nüt bewusst gsi, was är hätti chönne posget ha.

Der Diräkter het nid e Mine gmacht, wie wenn är Hardy wetti z rächt wyse. Im Gägäteu. Nach es paar belanglose Floskle und Sätz wo si mitenand hei gwächslet gha, chunnt der Richter no is Diräktionszimmer. Dä Richter wo ne vor bau füf Monet zumene haube Jahr Gitterluft schnuppere und Gitter Luune ushauter verdonneret het. Ja, genau dä Richter isch jetze uf ihn zu echo. Mit emeine breite Lächle i de Muuegge. Me hätti fasch chönne meine, da sigi no Schadefröid im Spiu. Der Richter het sich uf Tisch vum Diräkter gsetzt, luegt Hardy guetmüetig aa und fraged: "So, Dofender, wie gfauts nech hie?"
Hardy ganz vorsichtig druf: „I ha scho e Huufe angeri Ort erläbt, wos mir jedefaus besser gfaue het. Aber ig cha nid chlage. Es isch bau verby."

„Das isch guet, dass dir das erwähned. No guet e Moned heiter hie z verwyle, wenn ig mi passend erinnere. Isch das richtig?“

„Ja, so isch es, Herr Richter. No knappi füf Wuche.“

„Dir heiged nech hie guet ygläbt und ou öppe d Lüt ungerhaute mit öine Gschichte. Hani mir la sägä. Derzue heiged dir öich korräkt verhaute, aune gägenüber. Ke Schlegerei, ke Mobiliar zämä gschlage. Ou d Stüel sige no aui ganz. Und ig hoffe Zechprellerei sigi jetz für öich ou wider es Frömdwort, Dofender!“

„Ja, Herr Richter. Ig ha tatsächlich aues ganz gla. Jede Stuel isch no in Takt. Und was die Ungerhautig betrifft. Guet ig verzeue haut gärn, was ig erläbt ha. Das isch nüt ussergwöhnliches. Wes de Mitmönsche gfaue het de isch es ja guet.“

„Auso, Herr Dofender. De isch das in Ordnig. Eis, hingägä, müesst dir mir jetz glich no sägä. Das isch während der Verhandlig nid füre cho. Werum isch es denn a däm chaotische Abe überhoupt so wyt cho. Dir heits mir denn nid wöue sägä. Dir chöit mir das jetz sägä. Es änderet a däm haube Jahr ganz sicher nüt me. Ds Urteil isch ja scho lang gfaue.“

„Jo guet. Wenns muess sy! Isch ja ou scho lenger verby.“ Hardy schlückt chli verlägä und luegt zersch der Richter, nächär der Diräkter aa. Beid hei gnickt derzue. „Nu. A däm Abe im Schtorche isch es zersch ganz fridlich a dere Tischrundi zuegange. Si hei mi ufgforderet wider mou e Gschicht z verzeue, was ig de ou gmacht ha. Do hanine zersch mou vu mire Fründin, der Rosann verzeut. Das isch de voreWäg ou förderlich gsi, für die flotti Rundi. De het eine es Foto wöue gseh vu ihre und ig han ihms de ou zeigt. Das hingägä isch äuä chli zfiu gsi. Dä het de gmeint gha, är kenni die. Är sigere ou scho begägnet und so wyter. De het är ganz uschafelig über Rosann afa läschtere und se schlächt mache. Das hani mir natürlich nid la gfaue. Rosann isch e liebi und gueti Frou. I ha se haut ganz gärn." Hardy verschnufed und luegt der Richter aa: „Jä, wis haut de cha go, isch es de ou use cho. Die böse Wort hei de schlussändlich zu dere Schleglete gfüert. Und d Schtüel sy haut grad zwüsche drinne gsi. So isch es gange. Und übrigens. Das mit der Zechprellerei. Eigentlich hei mir die a dere Tischrundi z Trinke versproche, wüu ig ja e Gschicht verzeut ha. Aber die sy de schneuer usem Schtorche dusse gsi aus ig. Drum isch aues a mir blibe hange. Ja, Herr Richter, so isch es gsi."

„Schad, Herr Dofender, dass dir öich bir Verhandlig nid heit chönne düreringe, für das aues z erkläre und ufe Tisch z lege. Dir chöit versichert sy, es wäri nume zu öine Gunschte gange."

„Oh, was nützt mir das, hinge dri. Ds Foto vur

Rosann hei si mir ou verrisse. Und es isch ds einzige gsi, woni gha ha. Es isch eso. Bau isch verby."

„Das isch ds Stichwort, woni am Herr Diräkter wett wyter gä." Derzue isch är vum Tisch ufgstande und het sich zum Diräkter gwändet. Dä säb nimt das uf und het derzue gmeint: „Ja, Dofender. Dir heit öich guet gfüert und aständig verhaute. Das hani am Herr Richter erklärt. Und mir sy überycho, dass dir nächschte Mäntig uf Bewährig hie use chöit und Hei go. Dert heit dir öich einisch ir Wuche uf der Gmeindskanzlei z mäude. Das wärend zwene Mönet. Wenn denn immer no aues in Takt isch und kener Reklamatione bis zu mir oder em Herr Richter cho sy. De isch d Straf ändgültig beändet. I cha öich nume gratuliere zu öier Hautig i üser Institution. mached wyter so. De geit aues schön grad us."

„Ou, merci viu Mou, Herr Diräkter. Da gani nächschte Mäntig gärn Hei."

Der Richter hautet ihm no es Blatt härä u het derzue gseit: „Dir ungerschrybed das no, de isch das Gseite vum Diräkter klar." Und Hardy het gärn ungerschribe.

Am Suntig hets no e chlini Abschidfiir gä, füre Hardy. Ou Jürg het dert chräftig mitgmischlet gha. Auzuviu Wort sy nid gfaue derby. Doch me het sich de wider einisch wöue gseh. Schpäter.

Am Mäntig isch Hardy nach em Mittag ändgültig zu de Tore vur Gitter Luune use. Är het natürlich no mou a die Huswand müesse ufeluege, dass är die besser cha vergässe. De isch är Richtig Bushautschtu gloufe. Dert wird de sicher bau eine abfahre und ne Hei bringe. Chum het Hardy es paar Schritt gmacht rüeft öpper vu hinge „Hardyy?“ Es het fasch klunge gha wi wenns Jürg gsi wäri. No zu Schuelzyte. Aber es nid dää tüpisch unverschämt Usdruck drinne gläge, wo Jürg brucht het. Nei, es het ender lieblich klunge. Fasch verfüererisch mit viu Sehnsucht drinne. De chunnt die Stimm no einisch vu hinge „Hardyy?“ Mit däm Usdruck isch es Hardy wi Schuppe vu de Ouge gheit. Jetz isch aues klar. Jetz chunnt är wahrlich Hei. Das hätti är de scho nie dänkt gha. Villich insgeheim ghoffed. Aber dra gloubt... nie und nimmer. Aber jetze isch es wahrhaftig. Är cha Hei cho. Denn si isch ne cho abhole. Si, woner so lang het müesse uf dä Momänt warte, woner se darf id Arme nä. Si, sini Rosann.

Blind oder unsichtbar

Letschthin bin ig dür d Gartetischli in es Restaurant yne gloufe, wüu ig e schtarche Druck uf der Blase verschpürt ha und mi hätti söue go entläre. Win ig bi, hani nid eifach uf d Toilette wöue ga, ohni derna ds frage.

Es isch ou vu wytems ds gseh gsi, das hübsche Frolein. Die nätti Särviertochter hani de ou grad druf agschproche, was mis Alige isch. Si het mir unvermittlet der Wäg zur Toilette beschribe und würklich nätt glächled derzue. Ha mi bi ihre bedankt für d Uskunft und no agmerkt, dass ig gärn mis Kaffe no hätti, wenn ig usechömi, wo ig doch scho vor lengerer Zyt bi ihre bschteut heigi. Es verdutzt Gsicht het si de scho gmacht, die nätti Särviertochter, denno mou „ja guet“ derzue gseit. Ig bi gange.

Nach mim Gschäft, bini im Garte usse gsässe, eleini amene Tisch und ha gwartet. Bim usecho bini däm hübsche Frolein nid begägned. Drum hets mi wunger gno, öb si de mit mim bschteute Kaffee ou a mi Tisch chunt.

Es isch e rächte Momänt verby gange, de het si mir die Tasse bracht. Het de no, chli verlore, derzue gmeint, dass si sich nid mögi erinnere, dass ig scho

hie gsässe sigi und es Kaffe bschteut gha heigi. „Aber nüt für unguet!“ het si de no agfüegt.
Ig drufhärä: „Das mues nech nid piinlich sy, mir sy aui mängisch chli bling.“ U si het liecht glächled. „Müglicherwys bin ig ja ou unsichtbar gsi? Me cha nie wüsse.“ Das hätti schier nid söue sägä. Ds Frolein isch am Tisch zue so rot agloufe, me hätti grad Tomatesaft chönne drus dräie. „Tuet mir leid“ hani de fasch müesse ywärfe, „Ha nech nid wöue verlägä mache.“
„Scho guet,“ het si gmeint und isch dervo.
„Ja, Bursch, das hesch wider wunderbar härä-bracht!“ hani vor mi häräbrümelet, „do hesch es wunderhübsches, nätts Frolein vor dir wo du dir eventuell no chönntisch Chance usrächne bire, u du verchachelisch das Ganze mit emene eifäutige Satz, wo si ganz sicher het müesse fautsch versch-ta. Ha – ha. Mitüüri. Müglicherwys bin ig ja ou unsichtbar gsi? Wohär sötti si de scho wüsse, das es so isch gsi?“ druf bin ig in Gedanke inegheit. U es isch nid lang gange, woni di Richtige derzue bercho ha. „Ja, genau! Du muesch dere Hübsche aues verzeue und erkläre. Si wird di sicherlich für verruckt haute und ds gäube Wägeli wöue bschteue. Wes aber plousibu und überzügend darleisch, de hesch se gwunne. Das chönnti auso sy.“ So öppe hani mir gseit gha.
Der Namittag isch no am verloufe gsi. D Sunne het

über d Schtrass id Gartewirtschaft gschune und ig ha a mim Kaffe ume gnippt. Zum Glück hets nid auzuviu Gescht ume gha. Da hani mis Härz id Hang gno und no mou nach der Särviertochter gwunke, wo si sich wider einisch dusse zeigt het. Und si isch de ou promt cho. Dismau het si chli meh Abschtand vu mir gno und druf gwartet, was ig no weui. „Folein. I ha mi vori so uschafelig benoh. Das tuet mir ufrichtig leid. Und ig wetti das wider guet mache. Darf ig öich ylade, mit mir es Kaffe ds trinke?"
„Danke für das Agebot. Bi no am schaffe und ha nid grad Zyt. Es isch scho guet. Isch ja nüt passiert."
Die Antwort het mir eifach nid glängt. „Aber dir heit doch sicherlich baud Fyrabig. De chönntet dir öich sicherlich es paar Minute entbehre und nech wohäre la ylade. Ig würdi gärn druf beschta. Dir sit ja so nätt. Und ig wetti das nid uf mir la hocke, dass ig öich verläge gmacht ha. Das isch mir würklich nid rächt."
Si het mi de mit länge Ouge agluegt und wider glächlet, so wie bim erschte Ougeblick und e chline, aber merkliche Schritt nöcher zu mir zueche gmacht. „Ha sowieso bau fertig. De chumi mit. Aber nume es paar Minute!"
„Ou, das fröit mi. So warte ig gärn. Danke!"

Auzulang hani de nid müesse warte. Es isch drüber us es gluschtigs warte gsi. Ha mir überleit gha, was ig dere junge Frou de aues wetti verzeue. Wie das ig uf die Idee cho bi, dass si mi nid gseh gha heigi, sondern, dass ig chönnti unsichtbar gsi sy. Auso bini ganz gschpannt gsi, wie de dä Kaffe Trunk chönnti usecho. Ja, ig darf zuegä, si het mir scho gfaue, die. Drum hani se ja ou yglade. Das wär mir de no. Eifach so, nume wüu si da chli verläge worde isch, desswäge würde ig si nid ylade. Aber es isch das flotte Lächle, die luschtige Ouge wo mirs ato hei. Drum hani ig uf se gwartet.

Es het nid viu Zyt brucht, de sy mir gäbig bimene Glas Rotwy ghocket. Es het se ou nid viu Umständ gchoschtet, mit mir a ei Tisch z höckle. Werum ou? Ig bi ja ke Unmönsch! Ha ja ou nüt verrukts vor gha. Nume chli ploudere um ihre das z erkläre, was los isch gsi. Oder unsichtbar. Mir hei üs mit es paar Floskle und nid viu sägende Sätz mou chli bekannt gmacht gha. Do sy mir ou uf ds „Du“ übere gstüred.
Si isch de ou scho bau uf das z spräche cho. Si het wöue wüsse, werum dass ig villich unsichtbar hätti chönne sy.
„Du wartisch sicher scho lang uf mini Erklärig?“ hani de mou gseit.
„Ja, es isch sicherlich guet gsi, dass mir hie härä

cho sy. Wosch mirs ja jetz grad verzeue. Drum hesch mi ja yglade!" het si gmeint gha.

„Auso. Es isch drum so gsi. Hüt Namittag hani mim Hobby wöue fröne. Das heisst, es isch nid es Hobby im übliche Sinn. Es isch e Tätigkeit, wo ig jedi Wuche mou mache. Wenn müglich am gliche Namittag."

„Du meinsch," het si mir de i Satz ine gseit gha, „du meinsch, e so es Hobby, wo niemer darf wüsse was de machsch. Schiniersch di desswägä?"

„Sicherlich nid! Ig wüsst nid werum ig mi desswäge sötti schiniere!"

„Ja auso. Wenns nid so schlimm isch. So säg mir jetz mou um was es sich handled!"

„Gärn! Aber du lasch mi ja chum zu Wort cho!"

„Aber gäu. So schlimm bini de no nid!" Het si de so lächelnd gsei.

„Isch jo nume Gspass gsi." Hani ou lächelnd zrügg gä gha. „Es isch nüt uschafeligs. I go jedi Wuche mini paar Rundine ga schwümme. Das isch ou das wo ig hüt Namittag gmacht ha. Das Schwümme stercht d Muskle und isch guet füre Usglych zum Autag. Wenn ds Wasser übere Körper fliesst, di überau gschpürsch und merksch wi dir das guet duet, so chani mi derby richtig guet entschpanne. Es isch nid, dass ig wot viu Kilometer schwümme zum prale. Nei. Es isch ender, dass ig luege, dass es mir eifach guet geit. Das mache ig würklich nume

für mi. Das isch mis Hobby. Nüt verruckts. Aber schön!"
„Schwümme in aune Ehre. Ig finge das isch es flotts Hobby. Das mache vili. Werum tuesch e so, aus wäri das öppis unabrachts?"
„Lue, das isch villich so härägseit gsi. Für mi isch schwümme haut scho so öppis wi es Hobby. Nume mache ig das nid Wettkampfmässig. Drum hani gseit, dass es warschindlich nid es Hobby isch. Aber wie ou immer. Mir gfauts."
„Guet. Aber was het das jetz mit däm unsichtbare z tüe?"
„Aha, ja. Hesch rächt. Die Frag isch ja no nid beantwortet. Auso. Ig ha dert auso mini paar Rundine gschwumme. Anschliessend bini uf e Ligistuel, mi go entschpanne. So wyt so guet. De isch no mou es paar Rundine agseit gsi. Das heisst, ig bi mi go abtusche und de ine ids Vergnüege und grad wider use."
„Hä!" het si drufhärä gmacht. „Wieso, grad wider drus?"
„Wieso? Ganz eifach. Woni dri gchsprunge bi für mini Rundine z schwümme, isch das Wasser plötzlich so uferschämt chaut gsi. Es het mir grad aues zämäzoge. E haubi Härzbaragge hani bercho. Drum grad sofort wider use. Werum das Wasser so plötzlich so chaut isch gsi, das het mir niemer chönne sägä. Die zäh Grad weniger so ufs

Mou, sige auso no nie vorcho. Das het mir der Badmeischter bestätiged. Hingedri woni so chaut gha ha, isch es mir vorcho, aus öb ig wi unsichtbar wäri. Ja, so isch es gsi. Drum hani mi zu dere Ussag lo häräriise."
Si het de vou useglached und gschmunzled. „Isch das din Ärnscht, mit em chaute Wasser. Das chani gar nid gloube!"
„Hä, hesch du e Ahnig. Wenn du gschpürt hättisch wie chaut das isch gsi, de würdisch jetz ou nümme so lut uselache! Mou, das isch min voue Ärnscht!"
„I chas zwar nid gloube, wot aber einisch mitcho. Villich gits denn ja ou chauts Wasser. Wenn geisch z nächschte Mou?"
„Das isch schön, dass ou mou wosch mitcho. Wär weiss, was denn de wird passiere. Ig ga wou grad ire Wuche wider. Chunsch eifach wenn d fertig bisch mit särviere. Oder besser, ig chume di cho abhole. Isch dir das rächt?"
„Mou gärn. Das isch passend. Ig fröie mi jetz scho druf."

So sy mir de ei Wuche druf wider zämä gsi.
Dismau aber i der Badi, im Hauebad. Mir hei es paar Rundine gschwumme und umeplantschet. Natürlich ou chli blödeled und umegschprützt. Das muess doch so sy, wenn me z erst Mou so zämä geit go schwümme. Auso sicher, mir isch es

nid drumm gsi, eifach so troche mini Rundine z schwümme und de mir nüt dir nüt ufe Ligischtuel d Muskle ga entschpanne. Und si het ohni wyteres mit gmacht. Es het nid mou viu brucht. Glachet hei mir wi chlini Ching. Ganz usglasse sy mir gsi. Das het wider e Mou guet da. Eifach so druf los, ohni sich z überlege, öb das abracht sigi oder nid. Mou, es het üs beidne guet da und beidne gfaue.
De sy mer auso do glägä, uf de Ligischtüel, zum d Muskle entschpanne und wyter witzle. Es isch scho bau Zyt gsi, dass mir üse hei müesse. Der Badmeischter het scho d Fänschter ufgmacht zum lüfte und zum Zeiche, dass es jetz würklich Zyt isch, ds Bad z verla.
Grad i däm Momänt, unger üs isch es no luschtig zue und här gange, fat sich ds Wasser im Becki grüseli afa bewege. Es schwappt hin und här. De het es sich i der Mitti vum Becki afa ufbäume. De chunnt dä Bärg Wasser immer nöcher a Beckirand, gägä üs zue. Dert isch de das vile Wasser schön gordned imene Bach zwüsche üsne Ligischtüel düre gfosse, gägä ds Fänschter zue. Bim Fänschter het es sich no mou ufbäumt und isch de zum Fänschter usegflosse. Dert uf d Strass use, wo grad hinger em Hauebad düre geit und die Strass ab immer wyter wäg. Mir sy de sofort as Fänschter go luege, was sich da tuet. Aber der ganzi Schreck isch scho verby gsi und ds Becki isch lär gsi.

Und mir hei üs gfraged, wo ächtet das Wasser isch härä gange gsi?
Der Badmeischter het ou ke Antwort gwüsst.
De sy mir Hei.

„E rächt chaute Morge, nid wahr? Ds gschänkte Wätter für öies Gschäft. – Ig nime e mittleri Portion Maroni, bitte!“
„Ja, hüt isch würklich Maroni-Wätter. – So, euchi Portion. Schöne Tag no. Danke.“
Hie in Wengen uf em Dorfplatz isch ds Maroni-Hüsli vu Hans Hermann Heinrich gschtange. Sis Gschäft lout unheimlich guet. Är het Maroni verchouft gha wi ke zwöite. Sin Chef und Arbeitgäber het sich scho mängisch gfraged gha, werum Hans Hermann so vili Maroni verchouft. Der Platz isch syt Jahre immer der sälbi. Die Gescht wo chöme, sy meischt ou di gliche gsi. Das ou scho syt Jahre. Doch im jetzige Jahr, wo Hans Hermann der Maroni Maa gsi isch, louft ds Gschäft wie no nie. So het der Chef mal gneuer härägluegt gha, werum das so isch gsi. Und är het d Antwort ghört: Hans Hermann het Churzgschichte verzeut. Churzi, luschigi, interessanti, anziehendi. Das hets usgmacht. Vili Lüt chöme vor auem, für die Gschichtge z ghöre. Derzue hei si ou e Portion Maroni gnosse. Das auso isch sis Gheimnis gsi.
Das het natürlich der Chef ou z würdige gwüsst gha. Und Hans Hermann Heinrich e Umsatzbetei-

ligung zuegseit gha. Für gueti Leischtige. Hans Hermann het sich de mit no bessere Churzgschichte bedankt.

Unger de vile Chunde und Zuehörer het ne eine ganz bestimmt agsproche: „Mister Heinrich, heit dir hüt Abe Zyt für zumene Bierli z Ploudere?“
Hans Hermann het ne fragend agluegt: „Was heit dir mir z sägä? Es ligt no viu Arbeit vor mir hüt Abe.“
„Heit nume ke Bang! Ig ha gnue Zyt z warte bis euchi Arbeit gmacht isch. Was das Thema ageit, ig han öich es Gschäft vorzschla. Sägemer am Nüni im Eiger, i der Arvestube?“
„Guet, bis am Nüni chann igs richte. Danke bis denn.“ Verwunderet und mit Neugir het ihm Hans noche gluegt.
Der ganzi Abe het är sich gfraged, was das für es Gschäft chönnti sy. Da het Hans ja nid auzuviu z biete gha. Zuedäm isch dä Chund sit fasch zwe Wuche täglich vor sim Maroni-Hüsli und lost sine Churzgschichte zue. Aber, was hätti dä drus chönne gseh ha?

So isch bau Nüni gsi und Hans Hermann geit Richtig Eiger zu sire Verabredig.
„Ah, Mister Heinrich. Schön, dass dirs heit chönne yrichte. Bitte, nät Platz.“

„Danke. Wie chume ig zu dere Ehr vu der Yladig?“
„Auso ig wet mi zersch vorschteue. Ig bi Karl Burger. Ig füere e Künschtleragentur in Atlantic City. Mini Spezialität: ussergwöhnlichi Unterhalter. Nid eifach Witze Verzeuer und Kapriole Dräier, sondern aspruchsvoui, mit Nivo und Liebi zum Detail usgrüschteti Künschtler. Si verschtös, d Zueschouer und Zuehörer i Bann z zie. Und zwar mit Charme und Intelligänz.
Dir, Mister Heinrich, sit so e Künschtler. Dir verschtöts Zuehörer z ködere, se yzwickle und denn ou bi der Schtange z haute, wenns ume Schluss vu der Gschicht geit. Wi ig ha chönne gseh, und ig darf sägä, es isch mir ou so gange, chöme täglich vili Lüt zu eune Churzgschichte. Es sy ou immer wider di gliche Gsichter z gseh.
Da bin ig uf d Idee cho euch z angaschiere. Ig biete euch e Tournee dür Amerika während dreier Monet. Jede Abe wärdet dir imene angere Theater, Bühni oder Feinschmeckerlokal ufträtte. D Zuehörer wärde eui Gschichte möge. Öich säubverschtändlich ou. Dir sit e feine, junge Kärli. Und sehr sympathisch. Das schetze d Lüt, d Zuehörer und Zueschouerinne.“

Chli überrumplet het Hans Hermann a sim Bier gnippt. Är het sis Gägenüber ziemlich ratlos aglugt. So öppis het är überhoupt nid erwartet

gha. Das chunnt doch sehr schnäu. „Was söu ig mit Bärndütsche Gschichte vor änglischschprächendem Publikum? Die wärde sich ja sehr längwile wüu si der ganzi Abe nüt verstö. Mis Änglisch isch zwar akzeptabel. Aber aus Gschichteverzeuer? Was wärde di Lüt dänke? Die sy sich doch besseres gwaned vu öich."
„Nume kener voreilige Meinige, Mister Heinrich." Schmunzelnd het Burger e Schluck Bier gno. „Di Amerikaner sy sehr verschtändnisvolli Mönsche. Vor auem wenn si wüsse, dass der Interpret us der dütschschprachige Schwiz schtammt. Da drüber bruched dir öich nid der Chopf z zerbräche. Die wärde öich liebe! Es git nume wenigi wi dir bi üs. Das chöit dir mir gloube."
Nach einigem hin und här het sich Hans Hermann entschlosse zum Agebot zuezschtimme. Der Afang vu der Tournee wird uf e erscht März feschtgleit.

Der Winter isch im Nu verby gsi. D Chundschaft isch wyterhin sehr agetan gsi a Heinrichs Maroni Schtand. Der Verchouf isch wie am Schnüerli gloufe.
Der erscht März naht. D Vorbereitige für di grossi Reis sy bi Hermann vou im Gang gsi.

Nach em Flug id Schtaate isch Hans Hermann

Heinrich vu Karl Burger pärsönlich und wärmschtens empfange worde. Uf der Fahrt is Hotel hei si sich viu z verzeue gha. Tage syt em letschte Träffe in Wänge sy läng gsi. Und d Vorfröid für Beid isch gross gsi. So hets nid lang dured, bis sich di zwe Herre wider guet verschtande hei. So wie das in Wänge ou scho der Fau isch gsi.
„Der Flug isch läng und asträngend gsi." Seit Burger zu Hermann. „Leged öich es bizzeli härä, Mister Heinrich, ig wirde öich i zwe Stunde zum Abeässe abhole. Wartet de denn am beschte i der Ygangshaue. Erholed öich guet, es schteit viu Arbeit vor üs."

Und so isch es ou gsi.
Nach drei Tage isch di erschti Show agseit gsi. Si het i der Theaterhaue vum „Comedy" schtatt gfunge, es bekannts, chlis aber fins Lokau.
Di erschte Gescht hei scho a de Tische gwartet. Gschpannt hei si der Ungerhautigsmusig glost, wo ds Warte verchürzt het.

De isch es so wyt gsi.
Karl Burger het der talentiert Gschichteverzeuer präsentiert. D Mängi isch begeischteret gsi und apploudiert Hans Hermann Heinrich uf d Bühni.
Zögerlich no chli mit Lampefieber, het är mit der erschte Churzgschicht agfange. Es paar Patzer sy i

die Erzählig gheit, doch z Publikum het sich weni drum kümmeret gha.
Di erschte Schritt i öppis Nöjem. So chönnti me die Situation beschriebe ha.
Hans Hermann het unheimlich gschwitzt gha. Denno het är sich nüt la amerke. Är hets jedefaus probiert gha.
Nach zwene Gschichte het är sich rächt guet im Griff gha. D Umgäbig isch nümme me so beklemmend gsi, wi am Afang. Ds Publikum het gschune, dass si sich guet amüsiert hei und hei ne ou ordentlich derfür belohnt gha.
Nach der letschte Gschicht, wo är so us em Ermu gschütlet het gha, sich dem vum Publikum varabschidet, het dises ihn nid wöue la ga. Si hei ne no mou useklatsched. Und so isch Hans Hermann scho am erschte Abe zu ere Zuegab cho gsi.
Es isch e überwäutigende Uftritt gsi, dä erschti Abe. Burger het derzue gseit gha: „We das so wyter geit, de chunnt das ja guet use. Uf jede Fau freue ig mi scho uf de morndrig Abe und uf e Uftritt."
Hans Hermann isch genau so begeischteret gsi vu sim Uftritt. Är hätti nid dänkt gha, dass es so e guet Schtart würdi gä. Doch umso besser!

Di ganzi fougendi Wuche isch grandios gsi. D Uftritte einigermasse guet bsuecht und sehr

zfrideni Gescht hei jede Abe ds Lokal verla. So öppis Guets hei sich Beidi nod chönne vorschteue. So isch ds Gschpräch am Tisch usserordentlich entschpannt und glöst gsi. Karl Burger het sini Frou Claire und Tochter Josefine mit bracht gha, dass si Hans Hermann Heinrich besser chöi kenne lerne. Di glasseni Atmosfäre am Tisch het doch einigi Lacher mit sich bracht.
Nach em Ässe, a däm Abe isch ja ke Vorschtellig gsi für Hans Hermann, hei sich aui vonenang verabschidet. Der schpäteri Abe hei si aui getrennt wöue gniesse.
Da het sich Josefine zu Heinrich gsellt gha: „Darf ig öich no zumene Drink ylade? Ds Gschpräch vorhär het mi agregt, no meh vu öich z erfahre."
„Jä jo. Ig la mi gärn vu öich la ylade, Josefine. Dir wüsst sicher ou besser wo di guet Lokau z finde sy. Ig fröie mi, eui agnähmi Bekanntschaft gmacht z ha. Wohl bekomms uf üser Tournee!"

Im „Frims happen", emene begeischtert bsuechte Inlokau, hei si sich bimene vorzügliche Drink nider glo gha.
„Ig bi sehr positiv überrascht, dass ig dür dä Alass hie in Amerika, so e nätti Dame wie dir Josefine, darf kenne lerne. Mister Burger het öich mit keim Wort erwähnt gha. Eigentlich schad, dass är öich nid ou zum Schifahre z Wänge mitgno het. Trotz-

däm, das isch doch ds Beschte wo mir hie no zuesätzlich het chönne passiere.
Josefine, wei mir tanze? Diese Titel wo grad louft klingt guet i mine Ohre. Das würdi mir Spass mache."
„Aber sehr gärn doch chumeni z Tanzbei cho schwinge. Isch ou mir e Fröid."

Ds dritte Stück, wo si unger ihri Bei nämä isch e langsame Wauzer. Di Zwöi hei ganz ungezwunge usgseh. Da cha doch nume es Bizzeli Liebi mit dere Musig mitschwinge, weme ihne zueluegt.
Und so isch es de ou usecho. Kene Belanglosigkeite wo si ustusche, sondern ender zärtlichi Flüschtertön sy dört düre Ruum zoge gsi.

So chann es nid erschtune, dass Hans Hermann am achti am Morge no chli verschlafe der Telefonhöhrer abgno het und sich gmäudet het.
„Mister Heinrich; Karl Burger isch hie. Heit dir guet gschlafe?" de grad wyter, ohni sini Antwort abgwartet z ha: „Chöit dir am nüni i der Lobby sy? Mir hei no es unagmäudets Interview fürs Fernseh. Die chöme scho am haubi Zähni. So längts sicherlich no für es morgentlichs Kafe. Aues klar? De erwarte ig öich bau hie unge!"

Jetz isch Heinrich dopplet gueter Luune gsi. Die

agnähmi letschti Nacht... und dä unerwartet Fernsehuftritt. Was wird süsch no guets uf dä Tag zue cho?

Helen Sunder, di bekannti Reporterin für ungwöhnlichi Uftritte am Biudschirm isch es bizzeli vu der Roue gsi. Wahrschindlich ligt das am Sonderling us der Schwiz wo si wot interviewe vor der Kamera.

Und denn isch si ou parat für das Interview. „Mister Heinrich, wie sy eui erschte Ydrück vu Amerika und vu üser Schtadt?"
„Ig bi beydruckt, dass hie d Lüt so fründlich sy. Sich ou Zyt nämä, emene unbekannte Gschichteverzeuer us der Schweiz zuezlose und sich so e Abe vouer Vergnüege z schpändiere."
„Wie syt dir uf di Idee vu de Churzgschichte cho? Wär sy eui Vorbiuder für di verschidene Charaktere i dene Gschichte. Gits da derfür ou bekannti Gsichter?"
„Tja. Wie hets agfange. Im Wesentliche hani scho i der Schuelzyt agfange miner Churzgschichte uszdänke. Oft hani se ou uf Papier bracht. Doch ersch mit der Arbeit aus Maroni Maa, sy die Episode ou usgryft. Ha dert ja ou Zyt gha, miner Texte z verfinere und ou uszläbä, i meine biudlich gschproche.

Jedes Gsicht i dene Gschichte het doch e eigeti Gschicht. Mängisch sys Bekannti vu mir. Doch sy Gschehnisse drum ume so abgänderet, dass niemer erchenne cha wär das würklich isch. Natürlich hets ou vili Gschtalte, wo frei erfunde sy. Vor auem, wenn d Wchtigkeit bi der Handlig ligt und ersch in zwöiter Linie bi der Pärson. Dir gseht, es het unterschidlichi Bedingige i dene Gschichte drin."

Denn het d Reporterin no e chlini Gschicht für d Zuehörer wöue. So ganz spontan dörft die sy. Und Hans Hermann het eini verzeut gha. Chli, ungerhautend und töifgründig.

„Also, Mister Heinrich, viele Dank für euchi philosofische Wort zum Schluss.

Es blibt mir no, ihne viu Erfoug z wünsche und vili guti Gschichte. Vile härzliche Dank."

Wie sich e söttig Uftritt i der Öffentlichkeit het chönne uswürke, die Antwort het nid lang uf sich la warte. Der Abe i der „Casino Halle" isch räschtlos usverchouft gsi. Di vougende Abige äbäso.

Hans Hermann Heinrich mit der Josefine und Karl Burger hei offenkundig dise Erfoug i voune Züge gnosse. Si hätte sich das nid dänkt, dass dä Erfoug ihne so i Schoss würdi gheie.

Doch darf ig sägä, dass si herrt derfür gschaffed hei

gha, für jede Abe e schtehende Aplous z bercho.

Nach drei Monet dür di Wyti vum Land, unzählige Churzgschichte Abende, isch ds Ändi so noch wie nie vorhär gsi.
Vor em letschte Uftritt, sy Josefine und Hans Hermann düre Schtadtpark spaziert. D Aschpannig isch risig gsi. Bsungers für ihn. So vili schöni, luschtigi, heiteri, usfauendi Schtunde wi i de letschte Tage het är wahrhaftig lang nümme erläbt gha. Fasch zu schwär sy di frohe Erfahrige uf ihm glägä. Die Lascht het är probiert chli abzlege. I der Begleitig vu Josefine isch ihm das rächt guet glunge. Doch nid aues het wöue vu ihm abfaue. So isch ihm der Gedanke cho gsi, dass si zämä…
ds nöchere drüber schpäter.

Bim letschte Uftritt, wider i der Theaterhaue vum „Comedy“, em glich feine Lokau wi bim erschte Mou, isch es höch zue und här gange gsi.
Wahrlich eine vu de beschte Shows het Hans Hermann em Publikum botte gha. D Abentür wo är zum Beschte gä gha het, sy usgryft gsi, munter und faszinierend, dass d Lüt ihn gar nid hei wöue la ga. So es Publikum, das isch chum zum gloube gsi. Aui sy cho, aui wo Rang und Name hei gha, wo öppis z sägä gha hei. Eifach di ganzi Schtadt.
So hets Hans Hermann ou nid chönne la sy,

immer töifer i di kreativi Chischte z griife und no besseri Episode füre z zoubere.
E so begeischterete Ustusch zwüschem Publikum und em Vortragende hets no nie gä gha. Vili Zwüscheruefe hei dä Abe no attraktiver und bekömmlicher gmacht gha.
So sy scho di erschte Morgeschtunde abrochge gsi, wo Hans Hermann sini auerletschti, aber churzi Gschicht us em Ermu gschütlet het, und dermit ds Publikum es letschts Mou verzouberet het.

Die Churzgschichte Reis het es zfridnigs und ufmunterndes Ändi gno gha. Bau söu e Widerholig agseit wärde. Villich wird de die Tournee no usgedehnter wärde.

Jetz lige Josefine und Hans Hermann entschpannt amene sunnige Sandschtrand irgendwo da usse.
Und wenn dir ihn gseht, ne ganz höflich fraged, so isch es guet müglich, dass är öich e Gschicht verzeue wird.

Peter Weibel und Hansjörg Farni gö der Wäg zu Professor Hubert Gassers Huus ufe.
„Was wird üs dismau erwarte?“ fragt Farni, „wird es e chlineri Reis, oder öppis Grössers?“
„Wär cha das scho sägä. Bim Profässer muesch uf aues gfasst sy. Du kennsch das ja. Mau hie härä, mau dört härä und zwüsche düre nume ume Egge. Jedoch het es sich jedesmau glohnt. Mir hei interessanti Egge vu üser schöne Wäut kenne glernt. Wäri schad, wenn es dismau angers würdi.“
„Ja, Peter, du hesch rächt. Mir hei doch scho einiges hinger üs. Auso mou los. Lö mir üs überrasche.“

„Danke mini Herre, dass dir so fix cho syt. Dä Uftrag hie ich wytläufiger.
Min Sohn Rolf kennet dir ja Beid. Leider hei mir üs verkracht, wägä Chlinigkeite. Das hätti nid müesse sy. Mir sy haut beidi Dickschädle. Da wot keine em angere e Schritt entgägächo. Und da drüber ha ig mir Gedanke gmacht. D Überzügig, dass ig i mire Jugendzyt ziemlich glich bi gsi wi der Rolf jetze, het mi zur Umkehr bewoge. Ig hoffe, es

guets, wohlüberleits Gschpräch unger Manne cha diser unhilige Allianz Abhiuf schaffe. Dises Gschpräch cha aber nume schtattfinde, wenn der Rolf ou derby isch und sich dra cha beteilige.
So lutet min Uftrag a öich schlicht und eifach: bringet mir der Rolf wider zrügg.
Wo dass är sich ufhautet weiss ig nid. Nume aues dütet druf härä, dass är im brasilianische Urwald nach ere Saftra Ilia suecht. Die Blueme isch es Wunderwärch vur Natur. Und si isch bishär nume in Südamerika gfunge worde.
Di nötige Papier, Ungerlage und Flugtickets lige scho parat.
Heit dir no Frage?"
„Was, Herr Profässer, wenn Rolf nid zrügg cho wot?" fragt Farni, „es chönnt ja sy, dass är us Trotz e Blibi i dere verlassene Gägend suecht."
„Ja, i wots nid hoffe. Versueched öies Beschte. Dir heit mi ja no nie enttüscht. So wei mir doch nid no öppis Nöis afa." Der Professor lächled blass. Är begleitet di Beide zur Tür und meint: „Aues Guete und viu Erfoug. Wenns no öppis z Wüsse git, dir wüsst, wo ig erreichbar by."

Tags druf sitze Peter Weibel und Hansjörg Farni im Fugzüg mit em Ziel Manaus. Das aute Schtädtli vu de Portugiese mits im Brasilianische Amazonas-Gebiet.

I der Pension „Teatro“ lö si sich nider.
Aus erschtes giuts jetze umezlose. Wenn Rolf Gasser irgendwo uftouched isch und siner Frage nach der Saftra Ilia gschteut het, de wird är sicher ufgfaue sy. Irgend öpper wird sich de scho a ihn erinnere.
Eifach schint es nid i so ere grosse Schtadt e Frömde z finge. Sehr Uskunftsfröidig sy di Lüt hie ou nid. Doch im Restaurant „Cavaco“ gits di erschte Azeiche vu Rolf. Är heigi dert gschpise. Das sigi doch scho es paar Tage här. Är heigi viu wöue wüsse über e beschtimmti Blueme. Der Dr. Clemente im Museu do Indio, a der gliche Schtrass wyter obe, könni sicher beschtens Uskunft gä. Der Rolf sigi ou zu däm gschickt worde.
Ds Museu do Indio isch eifach ydrucksvou. Vou gschtopft mit Gschichte vu de Indios. E Guldgruebe für Liebhaber dieser Schpezies. Di wüsseschaftlichi Qualität isch nid z überseh.
Dr. Gaspar Clemente isch ersch schpäter z schpräche. Derwyle luege sich Weibel und Farni im Museum di Sehenswürdigkeite vunere Fasch verlorene Kultur aa. Maske, Reliquie, Chleider, Schriftschtück, aues was das Herz begehrt. Wou eini vu de viufäutigschte Kulture mues das gsi sy. Bis Hüt isch nümm auzuviu dervo übrig blibe. Leider. Es bizzeli Nachetruure isch i däm Momänt aabracht.
Di vile klinere und grössere Schmuckschtück lö di

Beide vor Niid erblasse. Säute so öppis gseh. Di beydruckendi Fingerfertigkeit, mit eifache Wärchzüg – nota bene – disi Prachtsstück härzschteue! Do isch viu meh derhinger aus nume e Maschine die Arbeit usfüere z lah.
Was dernäbä Peter Weibel so unändlich beydruckt het, isch di Legände um dä „Blaue Schtern von San Petro". Äs git vilerlei Beschrybige derzue, ou wo dä „Blaui Schtärn" härchömi. Nume niemer het dä „Blaui Schtärn" würklich ou gseh, und chönnti öppis gfeschtigtes drüber sägä. Aber es tönt unheimlich interessant und abetürlich.
„Schad, dass üs Profässer Gasser nid nach däm Blaue Schtärn het la sueche. Das wäri e ufregendi Sach gsi!" seit är zu Farni, „Mir chönnte ihm das für es nächschts Mau schmackhaft mache."
Lachend gö di beide wyter für sich im Museum d Wartezyt z verchürze.

Und ändlich chunnt der Doktor.
„Dr. Clemente, mir sy Peter Weibel und Hansjörg Farni. Mir sy uf der Suechi nach em Rolf Gasser." Farni nimmt es Foto vu Rolf use und zeigts am Doktor. „Hie isch es Foto vu ihm. Me het üs gseit, däss Rolf Gasser öich ufgsuecht heigi, für Nöigkeite über d Saftra Ilia z übercho. Isch das eso?"
„Ja, miner Herre, das isch so. Rolf het mi vor öppe enere Wuche ufgsuecht. Ig ha ihm ou chönne

wyterhäufe. Di Saftra Ilia isch im Umland vum Madeira-Fluss gseh worde. Es isch nid sehr wyt wäg vu Humaità. Über d Verbindigstrass 319 chömed dir diräkt is Schtädtli. Fraged dert nach Moretti. Är wird nech wyterbringe. Und, löt ne nätt grüesse."

„Danke, Dr. Clemente für die Uskunft. Das wird üs viu wyterbringe." Farni gid ihm d Hand und Weibel het da no e chlini Frag: „Dr. Clemente. Wie isch das mit em „Blauen Schtern von San Petro"? was gits no Wüssenswärts, wo nid hie i der Usschtellig ufgfüert isch?"

Dr. Gaspar Clemente lächled verschmitzt. „Auso, da isch eigentlich nid viu. Niemer weiss genaueres. Das isch so e Sach. Viu isch gseit worde und ou ufgschribe. Aber fasch nüt vu audäm isch gsicheret. Das San Petro söll uf em Kontinänt lige. Aber weles San Petro das isch, weiss niemer genau. Es git ja nid emou e konkreti Zeichnig, verschwige es Foto vu däm „Blaue Schtärn". Ja, da hets no usserordentlich vili unklärti Frage." U de lächelnd setzt är no derzue: „Wenn dirs uf dä blaui Schtärn abgseh heit, für ihn z finde, de wäri de ou gärn derby."

„Auso dismau isch üsi Ufgab Rolf Gasser wider zu sim Vater zrüg z bringe. Wenns de es nächschts Mal git, de isch es de sicher ume „Blaui Schtärn" d Wille.

Vile Dank für aui Informatione und viu Glück."

Scho am nächschte Tag fahre si im Bus gäge Humaità zu. E verschüttleti Reis. Ender abentütlich umd nid sehr geruesam.
Chli usserhaub Humaità, im Punta Madeira, am Fluss Madeira glägä, schtige si us. Zersch mou aui Chnoche ordne, das isch nach ere söttige Fahrt ihri Devise.
Ir Pintà, der einzige Pension, meh am Südhang vum Dörfli glägä, finge si Ungerkunft.
Gli druf, wo d Sunne scho schreg am Himmu gschtange isch, erkunde Weibel und Farni d Gägend. Nid viu Sehenswärts gits da, wüu ds Dorf am Fluss ligt. Da gits nid viu meh aus Grüen in Grüen und das i aune Schattierige. Derdür chöme si am Rolf Gasser no ke Schritt nöcher. Si beschliesse, am Morge ordenlich mit der Suechi azfa. Diese Moretti wird sicher chönne wyterhäufe.
I der Pintà setzte si sich zum Nachtässe ane Tisch. Es het nid vili angei Gescht im Rum. D Bedienig chunnt schnäu. Hansjörg isch wi usgwächselt, wo ner d Särviertochter gseht. Ou die luegt ihm id Ouge. Ihri Ouge fö sograd afa funkle wi Diamante. Peter, dä sitzt unbeteiligt näbädra und gschpürt förmlich wies chnischteret zwüsche dene Zwöine.
„Ig bin Hansjörg. Wie isch öije Name?" Farni verschlingt fasch ihri Ouge. „Ehmm... Ich bin Belen."

Si füut sich unsicher, ribt d Händ am Hantuech und vergisst derby fasch, weum si eigentlich a Tisch cho isch. „Entgschuldigung, was chann ich bringe? Wünsche si ässe?“
„Ja, Belen, wir wünsche zu ässe. Ig möchti Frango com arroz. Derzue es Batida.“
“Und für mi ou, bitte!“ schliesst sich Weibel aa.
„Gut. Zwei Mal Frango com arroz und zwei Batida. Gerne, danke. Es chunnt bald.“
Churz isch d Wartezyt tatsächlich. De chunnt d Batida. Bis zum Huen mit Ris bespräche si no di Vorbereitige, wo bis am Morge sötte troffe wärde.
D Nacht anschliessend isch bsunders für e Hansjörg mit verschidentliche Tröim rund um d Belen vergange.

Nach em Zmorge beschoue sich Weibel und Farni di nächeri Umgäbig vu Punta Madeira genauer. Im Urwaudschtück uf der entgägegsetzte Syte vum Dorf finge si e Platz wo ustramplet isch. So wi wenn öpper sich lenger a däm Ort ufghaute hätti und ou immer wider härä cho isch gsi. Nach de Begäbeheite vu der Natur z beurteile isch das e nahezu wünschenswärti Schteu, für d Saftra Ilia z finde. Die Blueme isch e verwunderliche Abkömmling vu der Natur. Wüu si e Schmarotzer isch, cha me die Blueme nid so schnäu finge. Die Saftra

Ilia het sich agwöhnt, i der Nöchi vu fliessendem Wasser, sich imene Boum yznischte, wo am Ufer schteit und so haub übers Wasser hanged. Für gwöhnlich gseht me die Parasite nid. Ersch churz vor der Entfautig vu sinere Blüete, lat sich e Büle erchenne. De durets zwe bis drei Wuche und die Blüete wird sichtbar. Di Saftra Ilia entfautet sich nume einisch im Jahr. Aber di Blüete wo si macht isch masslos. Ungefär e Meter Durchmässer misst die Blüete, wenn si vou entfaltet isch. Vu nere Schönheit, wo nume enere Prinzässin glich chunt. D Farbe vumene Mauchaschte sy eifach z schwach für die Pracht widerzgäh. Aui Farbe vum Rägäboge, verschlunge, inenader vermischt. Das chunnt dere Blüete doch ganz noch. Au die Voukommeheit, wo sich nume d Natur het chönne usdänke. Dass e Parasit nume so vouändet sy cha?!
Peter und Hansjörg sueche wyter, öb a de Böim am Wasser zue di Azeiche vu dere Blueme sichtbar sy. Trotz auem finge si ke Hiwis. Das heisst aber nid, dass da nüt isch. Villich no nüt…

Zrügg im Dorf sy si wider i der Pintà. Ä erfrüschig zum Aperitif lö si sich bringe vu der Belen. Si ladet di zwe y, am Namittag mou ynezluege. Si wetti gär chli mit ihne ploudere.
Aus Nächschts steit aber der Bsuech bi Moretti a. Moretti isch e komische Chutz, ömu vum Usgseh

här. Wirres Haar, a der Schläfe agraut, d Chleidig salopp und d Schue löcherig. Doch d Ouge sy ufmerksam und interessiert. Der mitbrachti Gruess vum Dr. Clemente lat ne zumene Lächle verleite.
„Schön z ghöre, dass es Gaspar guet geit. Nun, miner Herre, was füert öich zu mir. Wo chann ig wyterhäufe?“
„Herr Moretti, mir sy uf der Suechi nach Rolf Gasser. Dr. Clemente het üs zu öich gschickt, wüu är animt, dass dir wüssed, wo sich Rolf ufhautet. Dir sit Experte i Sache Saftra Ilia. Het sich Rolf Gasser scho bi öich gmäudet?“
„Ja, i der Tat, är isch hie ufkrützt. Ig han ihm ou die Plätz i der Nächi gschiuderet, wo e Saftra Ilia wachse cha. Das isch aber scho es paar Tag här.“
„Wüssed dir wo är sich ufhautet? Isch är no im Dorf?“
„Nei, mines Wüssens nach isch är scho wyter zoge. Ig han ihm no e wytere Platz agäh, wo är di Blueme cha finde. Ersch vor wenige Jahre isch si dert uftoucht. Diese nöi Platz schynt der Saftra Ilia z gfaue. Grad letschts Jahr sy dert hunderti vu Blüete zeut worde.”
Nach em Abschied vu Moretti, zie Weibel und Fahrni angeren Tags wyter nach Santiago, uf di nöij Spur vu Rolf, wo ihne Moretti avertrout het. Belen isch gar nid erfreut gsi wäg der Abreis.

Denno, zersch d Arbeit und de z Vergnüege.

Leider schtö si dert no vor de Wintermonate, das heisst, dass d Saftra Ilia sich no nid entfaltet. Ihri Wurzuzüg, Erhebige und Chnospe a verschidene Boumstämm si zu Weibel und Fahrnis Fröid scho z gse. Dises Biud het sich zeigt, wo si in Santiago acho sy und di erschte Usblicke gno hei. So blibt ne aus einzigs wyteres ds Lager hie ufzschla und immer wider a dä Platz zrüggzcho. Wenn sich hie d Saftra Ilia usbreite wird, so finge si dermit ganz sicher ou Rolf Gasser.

Vorerscht gö Weibel und Fahrni is Dorf zrügg. Zum erhole und ou chli fiire. Das wüu es Dorf-fescht die Tage dür d Gasse ziet. Do mache di beide ou chräftig mit.
Während di zwe sich d Kehle afüechte, gits doch im Dorf no e wytere Gascht wo sich zeigt. E ganz spezielle Gascht, wo Weibel und Fahrni scho sehnlichscht druf gwartet hei. Ja genau. Rolf Gasser gsellt sich zu dene Zwene. Di Fröid vum Wiedersehe isch uf beidne Syte schtarch. So schtigt ou d Schtimmig und di ganze Mitfeschter fröied sich mit. Fasch zwe Tage und Nächt hei si düregfiired.
Das Zämäträffe mit Rolf bi disem Fescht erliechteret d Arbeit ungemein. Denn wie dass är mit sim

Vater schteit, das het kene vu Hansjörg und Peter gwüsst.

Bi de nächschte Gspräch, wider i ordentlichem Zuestand, choi sich di Drei usspräche. Drus ergit sich, dass sowohl der Professor wie ou sin Suhn Rolf ygseh hei, dass beidi Fähler gmacht hei. Und ou Rolf isch parat für sim Vater z vergäh. Das sig doch ke Zueschtand, eifach vu nang derfo z schpringe. Rolf sis Alige isch jetz no e Saftra Ilia z pflücke und de zu sim Vater hei z bringe. Dass si dermit gmeinsam chöi nöi afa.
Rolf brichtet vum Platz um d Blueme, wie är dä gfunge heigi und für sich ygrichtet. Scho sit Tage warti är uf es Läbenszeiche, doch di Saftra Ilia rüert sich no nid.

Verschidenes a Nöigkeite und aute Gschichte präge der wyteri Verlouf vu däm Abe. Und de sy si is Bett.

Am angere Morge, nach usgibigem Zmorge gö si gmeinsam i Urwaud zur gnennte Schtu und zum Boum. Der Platz isch scho wider zum Tummelplatz vu Ungerhouz worde. Ou di scho besichtigte Böim hei vorwärts gmacht. De erschte Blüetebletter zeige sich scho. Höchschtens no ei, zwe Tage und de isch di Blüete volländs entfaltet.

Anschliessend dörfe si die de mitnäh.

Hansjörg fröit sich bsungers uf d Rückreis. Denn, am Professor Gasser di fröidigi Mitteilig mitzbringe, dass Rolf ou wider hei chunnt, das isch für ihn ganz bsungers. Das ou i doppelter Hinsicht. Ihri Reis het sich sowyt usserordentlich glohnt, dass der Rolf mit zrügcho isch und zum angere, dass der Troum e Saftra Ilia z bsitze, ou Realität worde isch.

Hansjörg und Peter si froh, dass ihri Reis i Urwaud es erfougrychs Unternäme worde isch.
So fröie si sich scho wider uf di nächschte Erfahrige, wo si dörfe mache.

Bärägrabe

Im Bärägrabe z Bärn, är heisst jetz Bäräpark hets Jungmannschaft gäh. Di Junge sy zfride a däm schöne viufäutige Platz. Si chöi sich ustobe, uf Böim chlättere, go schwümme. Si chöi sünnele und der ganzi Tag mache was si wei und wonach ne der Sinn schteit. Niemer seit ihne was si söue. Das isch sowyt es herrlichs Läbä. Ou z Frässe wird ihne täglich vorgleit, ohni dass si säuber uf d Jagt müesse og.

Mou amene Abe, wo di Junge mit der Mueter so fridlich i Abe ine luege, chunnt der eint Chli mit emene kluege Schpruch hinge füre und seit de: „Mir hei scho es wunderbars Läbä hie. Chöi üs verdörle wie mir wei. Hei aui Müglichkeite und Freiheite. Ou z Frässe chunnt jede Tag."

Nach emene Wyli seit d Mueter: „Hesch rächt Chline, mir hei hie es wunderbars Läbä."

Meint der Chli Später: „Wo isch eigentlich dini Mueter? Ha se no nie gseh?"

„Oh," meint di Agschprocheni: „das isch e ganz angeri Gschicht. Ha se ou scho lang nümme gseh."

„So verzeu doch, Mueter, mir hei ja no viu Zyt!"

„Jä, ig weiss nid so rächt. Villich isch es nid so schön für öich."

„Moumou," dismou isch es der anger Chli wo insischtiert, "mir wette das gärn ghöre. Verzeu nume. Es isch ja us üsere Familie."
„Ja, du seisch es, us üsere Familie." D Mueter wird schtiu und süfzet es bizzeli. Me ghört, es faut ihre nid liecht, ihri Gschicht z verzeue.
„Dir wüsst, ig bi ou mou so chli gsi wi dir zwe." Fat d Mueter langsam aa. "Dazumau bin ig ou no mit mire Mueter zämä gsi. Mir hei i de Wäuder gläbt. Da hei mir no viu meh Platz gha zum Läbä aus hie im Bäräpark. Mir hei dert ou Böim gha und Wasser. Mir hei chönne wiud tue und wyt umeschpringe. Niemer het üs gschtört. Do hets mängisch sogar wiude Honig ga zum Schläcke. Das isch de fein gsi.
Natürlich hets ou angeri Tier ume gha, Reh, Füchs, Hase. Ds Läbä näbenang i däm Waud isch guet gsi. Niemer het enang gstört.
Bis eines Tages es Rudel Wölf i üse Wald inecho isch und sich a aune Naturalie güetlich to hei, ohni Rücksicht uf di angere Mitbewohner im Waud. Einigi Zyt isch es no z erläbä gsi. De het mi Mueter gseit, dass wenn das mit de Wöuf so wyter göngi, müesse mir es angers Revier go sueche, e angere Waud.
Mueter het de no es paar Tage gwärweised und derby ghoffed, dass d Wöuf säuber wider wäg gönge. Leider isch es nid so wyt cho. Ender im

Gunträr. D Wöuf hei d Mueter und mi agriffe. Ds ganze Rudel isch uf üs los cho. Mir hei üs verteidiged wis nume gange isch. Mueter het sogar e Wouf erschlage. Doch di angere sy wider und wider uf üs los cho. Wo ig vu zwene Wöuf eleini agriffe worde bin, hani se chönne abwehre und imene unbeobachtete Momänt bin ig usgrisse. Di zwe Wöuf sy de e Zyt lang hinger mir noche gschprunge. Hei mi aber nümme chönne verwütsche. Irgendeinisch hei sy vu mir abglo. Ig bi trotzdäm wytergschprunge. Eifach immer wyter düre Waud. De isch der Fluss cho. Bi dört drüber und uf der angere Syte hani mi chönne härälegge und mou verschnufe. Überwäutiged vu der Aschträngig bini müed i Schlaf gheit. Vili komischi Tröim hei mi plaget und mi dür di ganz Nacht düre nid los gla. Tröim vu mire Mueter und dene Wöuf. Es isch schrecklich gsi.

Am Morge hani mi zersch müesse zrächt finge. Ha de afa d Mueter sueche, si aber nid gfunge. Ou nach langem Sueche nid. So bini haut mini Wägä gange. Der Afang, so ganz eleini, het mir scho Schwirigkeite gmacht.

Ha mi denno bau einisch zrächt gfunge. Ou mit mini nöje Nachbare und Mitbewohnere uf eire Syte vum Fluss. Flotti Kollege hets drunger gha. Ou ds Frässe hani gfunge. Nume hets jetz e nöji gueti Uswau gäh. Ha ja am Fluss gläbt. E Fluss mit

viune Fisch drinne. Feini Abwächslig. Ja, so chöi mir hie im Bäräpark keiner Fisch fange. Macht nüt. Da isch bi de erschte Mau woni ha probiert e Fisch z fange scho öppe eine düregschlüpft. Der Afang vu öppisem isch bekanntlich immer schwirig.
Zersch hani mi nid richtig is Wasser ine gwagt. Ha dänkt, die Fisch chöme de scho zu mir. Aber es isch äbä nid so gsi. Ha viu z lang müesse warte, bis ig e Fisch gfange ha. Schpäter bini de wyt use is Wasser. Wenn müglich uf emene Schtei oder chline Feus gschtange. Vu dert hani gueti Ussicht gha und d Fisch unger mir guet beobachtet. So hani mir mini Fisch chönne ussueche. Und es het sich glohnt. So vili hets gha dervo. Bi immer wider satt worde. Das isch wines Schpiel gsi, so im Wasser schtaa. Dört hani ei Fisch avisiert, eine wo mir gfaue het. Chli gwartet, bis dä vor mir schtiu gschwumme, gschtande isch. Denn, je nach däm wie töif dä Fisch im Wasser unge gsi isch, hani ne mit der Branke oder mit em Muu chönne packe und use zie. Natürlich isch es mir nid immer glunge. Öppe mou sy di Fisch schneuer gsi aus ig. Und die Fisch sy de furt gsi. Trotzdäm hani immer wider Fisch verwütscht. Ja, isch e gueti Zyt gsi.
Drufabe het sich es Rehkitz i mis pärsönliche Revier verirrt. Es isch ou ganz eleini gsi. Ihri Mueter isch vu Jeger mitgno worde. Do hani mi um das Chline kümmeret. Nach Churzem het mi das

chline Rehkitz ou akzeptiert und aues mitgmacht. Mir sy zämä uf d Jag nach Fisch. Hei zämä gangled und hei gschpiut mitenang. Doch das Chline het nid gärn Fisch gfrässe. Chlini Eschtli, früschi Bletter und Triibe. Wiudi Frücht, die hei mir beidi gärn gha. Nach und nach isch es de ou es richtigs Reh wordä.
Meh und meh isch das Reh de ou siner eigete Wägä gange. Denn isch es immer wider zrückcho. Bis es eines Tages mit emene junge Hirsch derhärcho isch. Es het ihns natürlich nümme me bi mir ghaute. Das isch ir Natur haut so, de sy di Zwöi gange. Ha se ab und zue es ungrads Mou wider troffe. Do isch ihri Familie ou gwachse gsi. Und jungi Rehkitz sy um ihri Mueter umegschliche und umegumpet. Das het mi natürlich gfröit.
So bini haut wider eleini gsi.
Für mini Zyt chli abwäglichsrycher z gschtaute, hani lengeri Schtreifzüg gmacht düre Waud düre. Em Fluss no dürab. Immer wyter hets mi tribe. Ha viu nöis gseh, wyteri Fründe kenne glernt. Angeri Flüssli gfunge und nöji Wäuder entdeckt. Es het no viu gä z erchunde. Viu woni nid kennt ha. Nöis woni no nie gseh ha. E interessanti Zyt isch das gsi. Eines Tages ungerwägs hani e erschtunlechi Entdeckig gmacht. So öppis Grosses hani no nie gseh. Es isch es Huus gsei, wo Lüt drinne gwohnt hei. Zersch bini wider zrügg gschprunge, wyt i Waud

ine. Bi de schpäter wider go luege. Der Gwunger het mi tribe. Ha de feschtgschteut, dass nid nume eis Huus dert gschtange isch, nei, es het ganz vili vu dene Hüser gäh. Und überau hei drinne Lüt gwohnt. Dert hani ou chlini Lüt troffe. Chind. Aber die hei aui Angscht gha vor mir. Die hei brüeled und sy furtgschprunge. Obwou, ig hane ja nüt gmacht. Das het mi erschtunt, aber glichzytig ou es bizzeli trurig gmacht. Ha de dänkt, das sigi nid so schön wi bi de angere Tier und Fründe im Waud.

Bimene wytere Schtreifzug dür d Hüser düre isch es de passiert. Min Gwunger isch mir dört zum Verhängnis worde. Einigi Hüser hani scho umrundet gha. Bi de zu de nächschte Hüser. Ha scho vu wytem der Honig gschmöckt. Dä Honig het mi natürlich greizt. Ha denn scho lenger kene me gha. De nomou um es wyters Hus ume. De hani dä Topf vou Honig gseh. Bi schnuerschtracks uf dä zue. Das hani mir nid wöue la entgah. Dä Honig isch herrlich gsi. Nume hani nid gmerkt, dass dä Topf imene Gitter inne gschtange isch. Es isch de ou nid lang gange, isch das Gitter zuegschlosse worde, und ig bi ygsperrt gsi. Hami no gwehrt dergägä. Het nüt gnützt. Und plötzlich isch es dunku worde. Was de genau passiert isch weiss ig nid. Nume, wos de wider häu worde isch bi mir, bini hie im Bärägrabe gsi. Ha aber lang brucht, bis

ig mi hie zrächt gfunge ha. Es isch haut ke heimelige Waud gsi, mit de Reh drinne und au mine Fründe. Derfür hets angeri Bärä gha, hie. Und genau das het mir gfaue. Was natürlich bsungers schön isch, hie im Bärägrabe, ds Frässe hani nümme me säuber müesse go bsorge.
Gli mou hani mi mit öiem Vater agfründet und yglo. Drum syt dir jetz ou hie.
Ja, so isch es mit mir gsi. Drum heit dir zwe mini Mueter no nie gseh. Ja, bi mir isch es leider o scho lang här. Aber mit öich zämä, gfaut es mir jetz hie ou."

Im Fässli

Es isch scho würklich lang här gsi, wo das aues passiert isch. Trotzdäm möge sich no es paari ganz guet dra bsinne. Es sigi es richtig ungerhautsams und luschtigs Ereignis gsi denn.
Mir gö i dere Gschicht zytlich zrügg, dört härä, wo im guldige Fässli no ds Depot vum Haldengut Bier isch gsi.
Richtig lut isch es zue und här gange am Schtammtisch. Migg het es nid chönne la sy, no e Rundi und no eini vu voune Bierchrüeg la us z schänke. Der Wirt, het jedefaus Fröid gha dranne. Är het scho wider sini Kasse ghöre klingele. Und genau das Grüsch isch es, wo ne so bsungers in Fröide versetzt. We är am Abe bim Bazzeli zeue fasch nid fertig wird, so schpari ihm das es paar Stunde Schlaf, het är gseit gha.
Trotzdäm hei Migg und siner Kumpane ume Tisch ume ghörig i Bierchrueg inegluegt. Öb si de der Heiwäg no mögte finge, das isch de denn e angeri Frag gsi, wo mir hie nid chöi und wei beantworte.
Ufgwiegled düre Bierkonsum het der Migg gseit, är sigi ganz sicher, dass si mitenang mögte es Fass lääre. Und das de no ohni gross umezluege. Di Angere ume Tisch ume sy ja i der gliche füecht-

fröhliche Verfassig gsi und hei em Migg de ou grad zue gschtimmt. Äs sigi aber de wichtig, dass Migg so nes Fass wärdi chönne organisiere, süsch könni de nüt us dem Fassläär̈e wärde. Dä säb het de gmeint gha, dass es kei Sach sigi, es Fass chönne uf e Tisch z bringe.
Si hei sich auso entschlosse gha, sich am fougende Samschtig gägä Abe bim Migg deheime z träffe. Migg het dusse e schöne, grosse Garte mit ere Terrasse gha, wo sich aui zämä ume Tisch um hei chönne versammle.
Es isch de ou scho bau Samschtig worde.
Migg het der Räschte vu der Wuche ume ghirned gha, wie dass är ächtet jetze so es Fass mögti ergattere. Zale het är das ja nid chönne. Mit sim chline Lohn aus Gärtner hätti das es uschafeligs Loch i sis Portemonnai gschlage gha. So het är sich öppis angers müesse überlegge. Am Donschtig Abe, wo är nach der Arbeit, so wie süsch ou immer, uf em Wäg zum guldige Fässli gsi isch, hets ne fasch überschlage gha uf em Trottoir, ab dere Idee wo wie ne Blitz i si Chopf in echo isch. Es isch ihm wie Schuppe vu de Ouge gheit. Migg het konstatiert, dass är ja das Fass Bier nid mues go chouffe, sondern dass är sich das nume mou tuet usleihe. Nächär, wenn de das Sufgelage düre isch und siner Feschtkumpane heigange sy, we si de no wärde Hei chönne go, de cha är das Fass wider umebrin-

ge. Somit het Migg sis Versprächе ghaute gha und niemer het öppis schpezieus gmerkt gha dervo. Ja genau so isch es ihm denn uf em Trottoir düre Chopf zoge. Die Idee. Die Prachtsidee. Nume het die Prachtsidee e chliine Hooge gha. Und zwar: wo cha sich Migg so es Fass usleihe?
Es paar Schritte derna het sich ou die Frag i augemeinem Wohlwolle ufglöst gha. Chum het är die paar Schritte, in Gedanke nach emene Fass Bier versunke, gmacht gha, chunt mitüüri no es letschs Fuerwärch gägä ds Haldengut Bierdepot zue. Und dermit isch ihm no mou es Lämpli agange gsi. Genau, bim Depot chönnti so es Fass go usleihe. Am beschte schpät am Abe, so das es niemer gseht. Das het Migg so für sich dänkt. Und ohni wyteres isch är mit ere lächelnde Mine gägä ds guldige Fässli wytergloufe.
Sis erschte Fyrabigbier het Migg a däm Abe bsungers gnosse gha. Nach so viune guete Yfäu cha me nume no gniesse.
Es isch e churze Abe worde für Migg. Derfür isch är ganz töif befridiged gsi.

Am Samschtig Abe isch es de so wyt gsi! Di Kumpane vum Migg sy nach und nach ytroffe und hei sich am Tisch breit gmacht gha. Si hei aui e ghobeni Luune derby gha, so richtig usglasse, mit viu Vorfröid uf die Bierschwemmi, wo se am Abe

erwartet het.
Das Bierfass isch scho uf em Tisch gschtange und azapft gsi. Dernäbä hets no öppis zum Chnuspere gä gha. Chli Brot und Hamme. Derzue Tomate us em Garte und gsauzni Gurke. Es isch es Feschtässe gsi für die Kumpane vu Migg. Fasch göiferet hei si gha, ab em Blick uf aui die feine Sache. Und de derzue das Fass Bier.
Wo der Migg di erschte Gleser Bier usegla het gha, si de gmeinsam uf de Momänt agschtosse hei, isch es ziemlich fyrlich und adächtig gsi e gwüssi Zyt lang. Bis si sich a dä Gedanke hei chönne gwöhne, dass der Migg würklich Wort ghaute het, hets doch einiges brucht. Es isch nid nume gsi, dass Migg öppe es grosses Muh verfüert, sondern ou, dass Migg no nie het zeigt, dass är im Schtand isch, tatsächlich zu sim Wort ou z schtah. Das het auso sini Zyt brucht gha, bis dene Kumpane das erschte Bier so richtig gschmöckt het gha. Nach und nach isch e süffigi Stimmig ufcho gsi.
Eis Bier ums angere sy d Kehle abe gloufe und verschidentlichi Drinksprüch sy übere Tisch gsprunge gsi.
Wo das so wyter gange isch, het der Eint nach der Toilette gfraged gha. Es sigi dringend. Migg het Uskunft gä gha. De isch de scho der Nächscht ufgstange gsi. Dä het ou müesse. Nach und nach isch jede erpicht gsi, mou sich ir Toiette go z

entlähre. Migg het das nid verschtande. Was sueche siner Kumpane aui uf der Toilette. Begriffe het är nüt. Ou wo de di Kommentare vu der Tischrundi cho isch. Durchfau! Dürewägs. Jede hets verwütscht. Und jetz, zletscht ou der Migg. Ou Durchfau! Denno het är das nid ygseh, werum jetz aui Durchfau sötte gha ha. Är kappiert das nid. Ds Bier het är no di vorder Nacht greicht. Derzue sy aui Schpyse uf em Tisch früsch, oder guet ygmacht gsi. Das het ihm auso scho nid yne wöue.

Dä Durchfau bi Migg und sine Kumpane isch ou nid eifach so verbygange. Dä Durchfau het hartnäckig härägha, so dass si tatsächlich drei Tage nid hei chönne go schaffe go. Der Dokter wo bim einte dür ne Husbsuech het wöue häufe, isch ou chli ratlos dagschtange gsi. E chlini Vergiftig im Mage wohl, het aber nid chönne usefinge wohär.

Afangs die angeri Wuche, wo si ds erschte Mal wider mitenand im guldige Fässli gsässe sy, het de die Tischrundi ou verno, werum si zu somene Durchfall cho sy.

Der Wirt het sich zu ihne a Tisch gselled und het sogar e Rundi Bier usgäh gha, sozäge uf Chöschte vum Huus. De het är afa ploudere über ds Bier und wenns is Auter chömi. Wis da mit der Chemie im Bier zue und här göngi, und was de äbloufi, we me auts Bier trinki und de ziemlich schnäu Durchfall berchömi. Es sigi scho e ganz unagnämi Sach, dä Durchfall. Übrigens, ds Haldengut Depot heigi immer so eis Fässli parat. De chönnis das haut mou gä, we me z Bier göngi go schtälä und nid wöui zahle. Das ou nume wüu mes nid vermah, aber vorhär e grossi Gosche verfüert gha heigi. Ja, so chönnis haut de usecho.

De isch der Wirt ufgschtange gsi, und het aune ume Tisch ume Gsundheit gwünscht.

De meint är no: „Migg, bringsch de ds Bierfässli wider ume. Me cha de das no bruche!“

Es paar Tag Rue

Dä aut Peugeot 404 trottet gmüetlich gägä Gürlige zue. Di letschte paar Kurve si de für ihn scho no e Chrampf. Är isch sich das nüme so gwanet, uf sini aute Tage no sötigi Schtrapaze uf sich z nä, reschpektive über sich lo ergo. Es isch doch scho einigi Jöhrli här sider, wo är no wi nes jungs Rehli über die Höger ghüpft isch. Mängisch isch de no e richtig scharfe Pass drunger gsi. Aber hüt! Do geits nume no grad us. Das mag i no eso. Het der Peugeot vor sich härä siniert. Jo, d Zyte hei sech gänderet. Do isch nüme viu vu hätschle und pflege. Jetz im Auter wo me das richtig nötig hätti. Öppe mou e Öuwächsu. Mou der Motor abewäsche und Cherze ernöiere. Aber do isch me aut, so luegt me ou nüme so guet derzue. Ha mi scho mängisch gfragt, wenn mi Fahrer mi ächtet wot los wärde u mi uf de Abruch bringt. Zum Glück isch das nonid der Fau.
E, item. So lang mini Redli no möge, so lang geits no fürschi.
So fahre Gärber Peter und si Frou, d Irma, i ihrem Peugeot 404 gmüetlich richtig Gürlige. Si sy ungerwägs i ihri Ferie. Es paar Tage Rue wei si gniesse im neu renovierte Schloss in Gürlige. Doch

es geit no es Momäntli, bis ihre Peugeot, wo si damaus neu kouft hei, bis uf Gürlige ghötterlet isch.

A der Réception heisst me d Gärbers härzlich wiukomme. Es sig jo z erste Mau, dass si is Schloss chömi, drum wünsch me ihne e bsungers gfreute und erhousame Ufenthaut.

Dä erhousam Ufenthaut fö si grad a mit em Bezie vum Zimmer, wo ne e herrlichi Ussicht bietet uf di Höger rings um Gürlige und mit em Blick z Täli z düri, bis uf Loubige.
Ja, no es Momäntli sy si am Fänschter gstange, u sech d Ouge gfüut mit dem Usblick.
„Lue, Peter, uf dä Hoger dört wot i de sicher mou go. Do het me dänk Usblick bis a di höche Bärge im Oberland."
„Ja, das wird wou sy. Luege mer wis de louft die Tage." Meint Peter derzue, u geit ine go d Kofere usrume.

Im spötere Namittag gö si hingerem Schloss is Wäudli ufe, sech d Füess no chli vertrappe. De isch es de ou wider Zyt ine ad Wermi. Die Tage si no chli chüu. Es isch haut no nid Summer. U so isch me froh am Abe wider dinne z sy. Natürlich cha me spöter no einisch use e verdouigs Spaziergang go mache, wo me de no e Lismer meh aleit.

Z Morndrischt, nach em feine und usgibige Zmorge, sy si gägä z Hörndli ufe gloufe. Mit ruhige Schritte sy si em Hogerspitz immer nöcher cho. Zwüsch ine hei si verschnufet u di Chnospe bewunderet wo do im späte Früelig no usespriesse, wo doch angeri Böim u Blüemli scho längstens dusse sy. Aber do geit d Natur natürlich iri eigete Wägä, u haute sich nid immer a die im Kaländer fescht gleite Tage. Das isch ou schön so. Süsch gubs jo nüt me schpezieus vorusse z gsee.
Vo z oberscht uf em Hörnli gniesse si di Ussicht. Si isch zwar nid wyt, aber usgibig. Iri Ouge schweife vu eim Hoger zum angere. Di einte chli chliner, di angere chli grösser. Aber es het ke einzige richtige Bärg drunger. Das isch ou guet so. De müesse si nid gnue due bis z oberscht uf so ne Bärg.

Wider zrügg bim Schloss, wei si no e rundi go schwümme. Das entspannt, u bringt wider Läbä i die müede Chnoche.
Si chöme grad hinger um e Egge, wo si der Hunde Zwinger gseh. Dert hets jungi Boxer. Sicher nid me aus drei, vier Wuche aut. Es Momäntli verwyle si derbi. U luege zue, wi die Chline mit enang ganggle. Ds Einte isch de as Töri füre cho, um die Bsuecher cho z gschoue. Är schwänzlet wi wiud.

Fröit sich, dass öpper Nöis isch zueche cho luege. Ja, e luschtige Trolli, dä Chli. Di Zwöi chöi fasch nid eifach ewäg loufe, so luschtig u freudig duet dä im Zwinger.

De chunt no öpper Angers vum Schloss här uf e Zwinger zue. Es isch sicher dä, wo zu dene Hüng luegt. Är het z Frässe für si derby.

„Grüess Gott wou.“ seit Gärber zum Neuankömmling. „Das si aber luschtigi Burschtli. Wi aut sy si.“

„Es sy jetz grad vier Wuche här, dass die Wuleknöieli cho sy. Aber grüessech mit enang. Ja, das isch e Obe gsi denn. Ha der Mueter no Miuch brocht u chli Flocke. Si isch do glägä, wi wenns ere nid guet gä würdi. Ha nere de chli zuegredet, u bi wider gange. Ha jo no meh z tüe gha. Öppe nach enere Schtung bini no mou go luege, wis ere geit, öbs de bau noche isch. Aber nüt do. die sächs Wulechnöieli sy scho do gsi. E wahri Pracht. Und i ha de Fröid gha, das chöit dir mir gloube.

Aber dir müesst entschuedige. I mues se füetere, u de ine wider go wyter mache.“

Peter Gärber u d Frou hei no chli gluegt. De sy si ou ine sech go umzie fürs Bade.

Ja, das Bade duet eifach guet. We me so wyt gloufe isch, hei di Glider ou e Entschpannig nötig. U de isch es bitzeli bade u schwümme doch grad z Beschte. Me cha nümme me eifach Hei cho, nach

emene söttige Marsch, gschwing Dusche de wyter i Usgang. Dört öppis chlis främsle, u de z Tanz. Früecher, wo me no jung isch gsi, do isch das no gange. Aber me wird ou e chli euter und nimts de ou ruhiger. Ei Tag e Marsch. Am angere Tag i Usgang. Und am dritte de z Tanz. So geit das viu besser u me het no meh dervo.
Di zwöi hei no chräftig umeplantschet, sy no zwe, deri Rundine gschwumme u de use, uf e Ligischtuel. Nach emene länge Rüngli het es se de dünkt, jetz wäris Zyt sech go alege und derna go Znacht ässe.
D Cherze het scho glüchtet, uf em Tisch. Me het doch z Gfüu übercho, dass das richtig e fiirliche Abe wird. Tatsächlich sy si guet ufghobe, hie inne im Schloss. U so usgibig wi die Tage, heis Gärbers scho lenger nümme gnosse. So freut es se de um so meh wider Hei z go. Ine i Autag. Aber es isch no nid so wyt.
Am angere Morge isch wider e Cherze uf em Tisch gschtange u het se aglüchtet. S Gärbers hei nid so rächt gwüsst wiso. Es isch no nid ire letscht Tag gsi, hie im Schloss. U denno het süsch aues glich usgse. Z Zmorge ab em Büffe isch prächtig, usgibig u fein gsi wi süsch aube o. Nüt het süsch uf öppis Schpezieus härä dütet.
Item. Was söus.
De wo si so richtig am Zmörgele sy, chunt der Di-

räkter grad pärsönlich a Tisch. Das het jetz doch Gärber verwungeret. Süsch gset me ne fasch das ganz Tag nid. U usgrächnet zu ihne chunt är. Hei si ächtet öppis bosged? Sy sich grad nüt bewusst.
Ja der Herr Diräkter chunt nid für se zrächt z wyse. Sondern für ihne e herrliche Tag z wünsche u vor auem der Irma Gärber aues Guete zum Geburtstag. Das syg ja ganz spezieu, dass si die gniesserische Ferietage grad mit ihrem Geburtstag tüe verbinge. Är het se de no bätte, wenn si de usgibig und gnue zmörgelet heige, so söue si doch no bi der Réception verby cho.
E gueti Momänt hei sis no chönne ushate, bis si nach däm usserordentliche guete Mage füue und Gluscht schtiue, ad Réception gö go d Gwungernase fuetere, was der Herr Diräkter no heigi.
Wo ner de dermit füregrückt isch, was är no für se heigi, sy doch beidi Gärbers fasch id Schnitz gheit. E chline Boxer, vu dusse im Zwinger. Si heig doch jede Tag zueche gluegt bi dene junge Burschtli, de sigis nüt aus guet, we Frou Gärber zum Geburtstag so Eine berchömi. Es sigi zwar scho no chli früe, für dä Chli, aber denno heig er z Vertroue, dass dä bi Gärbers guet ufghobe sigi.
Das hätte si de scho nid erwartet. Es isch ergriifend. Si sy de Träne nah. Denno chöi sis fasch nid abwarte, mit däm chline Schtünggu chli go schpaziere.

E risigi Fröid het ne der Diräkter gmacht. Umwärfend isch es.
Am Abe gäbe si der Chli wider i Zwinger, dass er mit der Familie cha d Nacht verbringe. Denno isch es agnäm, i de verblybende Tage der Chli, si heine Astor gnennt, chönne am Tag mitnä wenn si irgendwo härä gö. So wird är ou dra gwöhnt, im Outo mit z fahre. Dä aut 404 hets ihm ato. Ganz intärässiert hocket er hinge drin, und luegt aues genau a.
Da isch de nach dene erhousame und erfröiliche Tage der Abschid schwär gsi. Gärbers hei beschlosse, dass es besser isch für e Astor, si liesse ne no es paar Wuche bi ihrer Familie. De, anschliessend chöi si ne mitnä. Natürlich hei si vor jedi Wuche mou es Bsuech bim Astor z mache. Derzue no cho bade und guet ässe.

Das isch auso Abschluss mit Träne und Fröide und es Heifahre mit guet gmischte Gfüu. U d Vorfröid derby uf e Astor isch doch scho sehr gross.
Auso, es paar Tag Rue, wi sechs ghört, Mit emene Abschluss wis söu sy.

Rose mit Stacheln

Es isch es bhäbigs Läbe, hie in Albiswile. D Lüt wärched uf irne Puurehöf. Süsch hets no es paar Läde, wo so haubers loufed und ou e Schtärne. Das isch d Beiz, wo aui inegö, we si de inegö. Dernäbä isch das Albiswile scho fasch am schlafe. Vili Lüt wärched uswärts und chöme nume am Abe und am Wuchenänd zrügg. Das meischtens zum schlafe.

Do isch de i der hingere Gass no der Gärtner. Eigentlich e überflüssige Bruef, hie im Dorf. Doch Chrüsi Rossbärg hets scho chli zu öppisem bracht. Är isch sich ou nid z schön, i de umligende Dörfer go luege für Arbeit. Drum sy verschidenschti Gärte da und dert vu Rossbärg agleit. Jede einzelne treit ou Chrüsis Wahrzeiche, nämlich Rose.
Das gseht me ganz guet, we me zur Gärtnerei zuechelouft und inechunt. Da isch am Ygang es Plakat mit der Ufschrift:

Schtärnbiuder glych,
Dini prächtige Forme.
Schtouzi Näme rüeft me dir.
Und d Künigin bisch du scho.

D Blüete lige oft vor de Füess,
Uf der Hut vu grosse Herscher.
So unändlich zart isch dini Pracht,
Ungeniert schteusch du se de ou dar
So gross bisch du, di prachtvoui Rose.

We me i der Gärtnerei dinne steit, de isch klar, was das Plakat het wöue mitteile: so wit me gseht, fasch nüt angers aus Rose. Die i der verschidenschte Farbe, Forme, Grössine und Höchine.
Rose, ja, das isch d Lideschaft vu Chrüsi Rossbärg. Scho mängi het är säuber kreiert. Scho us Verschidenschte isch nie öppis worde. Idee für wyteri gschtautige vu Rose het Chrüsi gnue. Denno fäut ihm mängisch der Atrib, das Nöie z packe. Trotzdäm gloube ig, dass es weni Lüt git, wo scho so viu Energie und Fröid, derzue Chraft und Liebi i ihri Rose gschteckt hei.
We me aus Beobachter i der Rossbärg Gärtnerei sich nid lat vu der Pracht und Schönheit vu au dene Rose lo blände, de merkt me gli, dass hie e Künschtler am Wärch isch. Näbscht de Rose isch aues chli verlotteret und gar nid pflegt. Es het schürli viu Uchrut wo zwüsche de angere Pflanze wachse. Und gar mängs Böimli, wo gärn imene angere Garte würdi schto und sich usbreite, het scho lenger ke Pfleg und Wasser me gseh und gschpürt.

Das isch im Grund gno ou nid erschtunlich. Di letschte Wuche, Monet, ja sogar di letschte drü Jahr het Chrüsi Rossbärg sich immer weniger um sis Gschäft kümmeret. Me gseht, es isch immer me am vercho. Das isch so cho, wüu sini letschti Liebi, ds Greti Hämmerli, ihn het verla. Si isch ihm i vilerlei Hinsichte e schtarchi Schtützi gsi. Si het zu ihm gluegt, het zum Gschäft gluegt und het ou der Hushaut näbeby no in Ordnig bracht. Müglicherwys het das Chrüsi gar nid richtig z schetze gwüsst, bis zu däm Zitpunkt, wo s Greti ihm gseit het: „Lue Chrüsi, i ga jetz. Ds Ässe isch uf em Herd. Machs guet." De isch si ohni wyters Wort gange, ohni wider einisch zrügg z cho.
Irgend einisch isch ihm de es Liechtli ufgange, dass es so nid cha wyter go. Chrüsi het beschlosse, dass är wider nöie Uftrib brucht. Aber das isch o scho guet es Jahr här sider. Und no nüt passiert.
Jetz het Chrüsi no mou e Alouf gno. Er het sich vorgschteut, dass wenn är id Ferie göngi, dass ihn die Zyt wird inschpiriere, für mou chli Ordnig i sis chaotische Dasy z bringe. Wenn ärs scho viu vu Rose heigi, de göngi är uf Rosas. Das isch e Ort vou Rose in Spanie, wo ihm sicher uf d Schprüng häufe wird.

Di Tage dert a der Sunne het Chrüsi gnosse. Umeplantsche und Bade. D Sunne uf d Scheitle la

schiine und öppe e guete Drink derzue.
Trotz au dene erhousame Tugende, wo är in Rosas a Tag gleit het, isch ihm i dene erschte Tage no immer ke bländendi Idee cho. Höchschtens es paar Zwyfel, dass är wou nid ganz bi Troscht sigi. Aber ou das isch de schnäu wider wäg gsi.

Am vorletschte Abe isch Chrüsi im Armanda-Hotel id 500er Bar. Es Lokau mit viu luter Musig und meischtens voudrängt mit Lüt. Dert hocket är am Baregge. Vor ihm es „Rositta-Schpeziau". Es nid grad ungfärlichs Getränk, wenn me z Maas nid kennt. Es isch wou o scho z vierte oder z füfte gsi, bis da härä. De schteut ihm das immer nät lächelnde Särvierfrolein es Schüsseli Ärdnüssli näbä ds „Rositta-Schpeziau".
Chrüsi nippt a sim Drink, lost der Musig, ömu söfu wo är no ma ghöre, lat siner Gedanke Flügu wachse, - woby die so chli sy, dass si nid emou möge derfoflüge, - und nimmt zwüschine es Hämpfeli Ärdnüssli.
Uf eis Mou, wo är es paarne Ärdnüssli zwüsche de Zäng zeigt, wär hie der Schtercher isch, düechts ne, die Ärdnüssli sige no nie so fein und chüschtig gsi, so viufäutig im Gschmack, so würzig im Buggee, wi jetz. Är lat se uf der Zunge la verga, chüschtigt dä gnussvou aromatisch Guu, wo sich im Mu breit macht, riist d Ouge wyt uf, de fahrts

dürne wi ne Blitz. "Das isch es! Ärdnüssli, das wärs!" seit Chrüsi für sich, „mit Ärdnüssli wäri aues viu eifacher. Ärdnüssli, die isst ja jede!"
Genau das isch d Idee, wo är scho lang druf gwartet het. „Di cheibe Rose si zwar schönner aus Ärdnüssli, hei mi aber ou nid wyter bracht!" Uf dä Geischtesblitz härä lüpft Rossbärg sis Glas und proschtet sich zue: „Du bisch doch e Sibesiech. I has doch immer gwüsst! Proscht uf die Ärdnüssli!" u nimmt e chräftige Schluck.
Das freigibige, aschteckende Lache i Chrüsis Gsicht gfrürt plötzlich y. Grad wo är sis Glas wider uf Bar härä schteut, luegt är i sire momentane guete Lune ume, öb ou jo aui sini geniali Idee mitübercho hei. Aus zuekünftigi Ärdnüsslichunde und Verschpyser, dörfe die das sauft wüsse. Chrüsis schweifende Blick verfat sich unumgänglich imene Ougepaar, wo grad näbä ihm ume Baregge ume höcklet. Das Ougepaar isch so ydrücklich, wi di ganzi Pärsönlichkeitserschinig ringsume. So es härzigs Gsicht, mit lachende Backe, häubruni, schulterlängi Haar, wo da und dert e grüeni Meschschtreifig drinne het. Viu meh gseht Chrüsi nümme. Är het z Gfüel, jetz ghei di ganzi Wäut usenang. So es Gsicht, so Ouge... und scho isch är ab sim Barschtuel abegheit.
No im gheie schtreckt är sini Arme zu dene Ouge us für si fescht z häbä. Doch aues wöue häbä het

nüt me gnützt. Chrüsi Rossbärg ligt mit schwärem Schlag und Ächze am Bode. Doch dismau si siner Gedankeflügu schtercher und schneuer. Die Flügu trage ihn grad bis is Land vu de Tröim. Doch das isch nid es sehr heimeligs Land. So wyt ds Oug ma luege nume häubruni Ärde. Chum öppis Grüens. Das wo wachsed gseht us wi Ärdnüsslischtude. Eini nach der Angere. Eini näbä der Angere. So viu Ärdnüsslischtude het der Chrüsi no gar nie gseh. Und es gfaut ihm nid so ganz. Es isch sicher e yträglichi Sach, das mit de Ärdnüssli. Aber so ohni Grüens und ohni eis Röseli, das chas doch würklich nid sy! De bemerkt Chrüsi im Ougewinku, dass es hübsches Gsicht uf ihn zuechunt. Är weiss mitüri nid wär das isch, doch düechtsne, är heigi das Gsicht scho mou gse. Ohni Wort nimmt si ihn a der Hand. De loufe beidi i das Fäud vouer Ärdnüsslischtrüch ine. Mits drinne fot si a di Schtrüch abzriise. Do het Chrüsi scho chli simpel gluegt. Aber wo är de gseh het, was si mit dene Schtrüch macht, do het är no eifältiger über das Fäud y gluegt.
Doch irgendwie hets ou bi ihm taged. Die Frou mit däm hübsche Gsicht baschtlet jetz us dene einzelne Eschtli vu de Schtrüch mit gschickte Handbewegige und fin gfüerte Finger e Rose. Ja, do dämmerets Chrüsi unghürlich. E Rose us Ärdnüssli. Das isches. De het är zwe Flöige uf ei

Tätsch. Einersyts Ärdnüssli. Und us de Schtrücher derfo cha är schöni Arrangements baschtle und binge. Ou settigi, wo usgseh wi ne Rose. Das isch jetz aber e üsserscht amächeligi Idee. Das mache ig sofort, wenn ig wider lei bi.

Mit däm Gedanke fat es Chrüsi tatsächlich wider afa Tage. Zersch merkt är sin Chopf, wo ziemlich weh tuet, de der Rügge und der Hosebode, wo im gliche Schmärz mitmache. Nächär probiert är mou d Ouge ufzdue. Wo sich de der Schimmer hinger de Ouge verzoge het, luegt är i zwöi Ouge ine, wo ne vorhär grad abem Schtuel abegheit hei. Aber dismau lache die Ouge nümme, si sy ender sehr besorgt. Die Frag schteut si ihm de ou grad: „Hets der öppis gmacht? Isch no aues ganz?" derzue hautet si ihm d Hand härä, für ihm wider uf d Bei z häufe.

Es isch e umschtändlichi Sach gsi, bis Chrüsi wider ufgschtange und uf em Barsässu ghocked isch. Das isch ihm jetz ou no nie passiert, dass är so abem Schtuel gheit. Luegt chli verdatteret no mou i die Ouge, wo grad näbä ihm ume Baregge sitze und probiert sich z entschuldige. Di Wort z finge wo passe, i däm kuriose Momänt, isch für Chrüsi nid eifach. „Entschuldigung," seit är no chli verdatteret, „das isch mir no nie passiert, so abem Schtuel gheie. Danke für d Hilf. Wahrschindlich sis eui Ouge gsi, wo mi grad abe gheit hei." Derzue

lachet är und si ou.
Derna meint si: „Es isch scho guet. Das cha haut mou so go. Nüt für unguet, dass ig so umwärfendi Ouge ha. Übrigens, ig bi Brigitte Zeller, aber säg eifach Bischi, wi di Angere ou."
„Nüt für unguet,- chasch ja nüt derfür. Salü Bischi. Ig bi Thomas Rossbärg, Ärdnüssli Farmer. Chasch mir eifach Chrüsi sägä, so wi di Angere ou."
„Hä, Ärdnüssli Farmer? So eine hani no nie kenne glehrt. Mou, mues e interessanti Sach sy. Hm, Ärdnüssli?" de nimmt si es Hämpfeli derfo, schteckts is Mu, chöjed druf ume und meint: „Mou, wohl bekomms. Aber die hie sy wäger nid vu dir?"
„Nenei, ds Spanie gids gnue vu dene säuber. Aber im Ärnscht. I due ou nid Ärdnüssli apflanze. I bi zwar Gärtner, doch isch mini Schpezialität Rose."
„Aha, Rose. Derig mit Schtachle oder derigi ohni?" fragt Bischi beluschtiget.
„Das schtimmt aber mit de Rose. Ha scho einigi säuber züchtet. Ganz schöni und jedes einzelne mit Schtachle. Das ghört eifach zu de Rose."
„Aber Chrüsi. E Rose isch doch viu schönner, wenn si kener Schtachle me het. De chame se besser ir Hand entgägä nä!"
„Die Überlegig isch einersits scho richtig. Wenn aber aue Duft verfloge isch, wo eim so betöred het, de ou di farbig prächtige Blüetebletter ver-

welkt sy und säuber dervo flüge, de hesch immer no d Schtachle, wo dir zeige, oder besser di lö gschpüre was für es prachtvous Läbewäse die Rose einisch isch gsi. So hesch öppis dervo, bis d Rose i ihri Komposchtrue geit."

„Das tönt aber sehr poetisch. Muesch die Rose richtig gärn ha, Chrüsi. Isch doch so?" fragt Bischi gfüuvou.

„Mou." Seit Chrüsi nach lengerem druf härä. „Rose. Das isch haut scho mis Läbä." De wird är schtiu und nippt a sim „Rositta-Schpeziau".

Dä Obe isch de nümme lang wyter gange. Är het ou nüt me Wichtigs azbiete gha.

Wider deheime isch Chrüsi die unghüri Gschicht mit dene Ouge vu Bischi Zeller und Ärdnüssli eifach nid usem Chopf.

Sim Troum nachfougend, wot Chrüsi sich mou ane Ärdnüsslischtude härä mache. Zersch het er müesse wüsse was es so aues derzue brucht. Temperatur, Bodebeschaffeheit, Wasserzuefuer, Düngemittu, Pfleg und so wyter. Da gits viles z überlegge und ou usprobiere.

Di vile Büecher wo im Büechergschteu schtö hei Chrüsi nid auzufiu chönne wyter häufe. Die sy meischtens gfüut mit Rose und angerem Gärtnerlatein. Doch het är sich mit umefrage chönne gschid mache. Und es isch nid auzulang gange, bis

är di erschte Same für Ärdnüssligwächs i der Hang gha het. Wüus die Pflanze gärn sunnig und warm hei, het är sich im Tribhuus dra gmacht zum säje. Genau so wi är das ghört het.
Nach es paar Tage het sich da scho öppis do. Di Ärde isch nümme nume brun gsi, sondern het afa grüen wärde. Nid dass Moos gwachse wäri, so füecht hets ja nid dörfe sy, nei, es sy di erschte munzig chliine Pflänzli worde, wo de dereinscht wärde Ärdnüssli zum grabe, oder uszie sy.
Uf die Fröid härä, dass es doch öppis wird mit sine Ärdnüssli, geit Chrüsi i Schtärne abe und bschteut es „Rositta-Schpeziau". D Särviertochter luegt ne chli tscheps aa und fragt no einisch was är gärn hätti. Chrüsi no mou: „I wot es ‚Rositta-Schpezial'. Das isch es richtig wohltuehends Getränk wo d Wermi i sich treit, di früschi vu Ananas und no es Quentli Chirsigschmack. Öppe so isch das ganze gsi. Das chasch doch du mir ou mache?" und luegt d Särviertochter lieb fragend aa. Disi weiss nid so rächt, meint de aber, si sige hie nid im Spanie, wöuis denno probiere. Zudäm heissi si nid Rositta. Das wüssi är doch sicher.
Chrüsi het nume glächled derzue.
Gli het är das hiesige Rositta-Schpezial-Schtärne-Fränzi übercho.
Chrüsi schmöckt dranne, nippt es bizeli und chüschtigeds uf der Zunge. Sin Kommentar

derzue: „Jetz bringsch mir no es paar Ärdnüssli, de isch es grad richtig perfekt. Genau so hets in Spanie gschmöckt. Merci, Fränzi."
Si druf: „Gärn gscheh, Chrüsi. Lass es dir schmöcke. Leider hei mir kener Ärdnüssli hie. Mit dene chni dir auso nid diene. Leider."
„Das macht nüt. Si wachse ja no im Tribhus bi mir. Weisch, i ha es paar Prlänzli agsäit. Wet de ou is Ärdnüssligschäft yschtige."
Fränzi lached ab em ghörte: „Du und Ärdnüssli-Farmer. Hesch no nid gnue mit dine Rose? Die si doch viu schönner. Und d Ärdnüssli chame hie im Lade viu biuiger choufe. Die chasch de nid so guet und tüür verchoufe wi e schöni und prächtigi Rose. Das isch de nid z gliche."
„Aber aui ässe doch Ärdnüssli. Do mues der Absatz doch guet sy." Chrüsi isch entdüscht.
Das het är nid überleit. Aber es schtimmt. Fränzi het scho rächt. Wenn die Nüssli irgendwo a der warme Sunne im Süde gedeihe, bruchts nid viu und choschtet dämentschprächend ou nid so viu, wi uf üsem tüür Bode. Do chani niemous mithaute.
De seit är no: "Das isch jetz e Seich, Fränzi. Jetz hani gmeint, mit Ärdnüssli göngis ringer aus mit dene Rose. Aber schiint, es sigi de nüt gsi!"
„Hesch rächt. Isch wou besser, du vergissisch das grad wider. Si sy zwar guet, würdi aber sicher viu z

tüür." Fränzi setzt sich zu ihm a Tisch und meint: „Nimms nid so tragisch. Derfür schpändier ig dir es Kaffe."
„Danke. Dä nimeni gärn."

Jetz isch Chrüsi wider glich wyt wi vorhär. Es isch ihm wider aues egau gsi. So isch er i glich Tramp verfaue wi vorhär. Z einzige, woner sich druf gfröit het, isch d Rosewuche in Bischofszell. Bau darf är wider go luege, wi di vile Rose das prächtige Biud vu der Autschtadt no möge ufmöble. Jedes Jahr geit är dört härä. Ou dismou lat Chrüsi sich das nid nä.
Die herrliche Rosearrangements wos wider i der ganze Autschtadt het si doch charmant zum aluege und biudlich z gniesse. Di herrliche Düft wo sich überau verbreite si für Chrüsi e Wohltat. Di nöije Gärte wo agleit worde sy, mache gwautig schöni Gattig. Es tüecht ne fasch, dass är die Gärte hätti chönne agleit ha. Si sy so schön beläbend und aregend. Är cha sich regurächt labe, a dene Düft, dere Asicht und der ganze Ambiance. Es lat ihm würklich sis Härz höcher schla, so froh isch Chrüsi, dass är würklich do härä cho isch.
Das het ne de animiert, mou öppis gägä Durscht go z tue. Sicher gits kes „Rositta-Schpezial" meint aber zum Afo tüe es Mineralwasser mit Gschmack ou. So sitzt är da, in Gedake a di wundervoue

Rose, wo e Schtimm fragt, öb da no Platz frei sigi. Är meint, scho. Si setzt sich, het der Chrüsi am Oberarm und luegt ne de aa: „Dass de nid wider ab em Schtuel gheisch. Salü Chrüsi, sehr agnähm, di hie z gseh."
„Jä, salü Bischi. Was machsch de du do?"
„Dänk ou libkosendi Rose beguetachte. Sicherlich aber söttigi ohni Schtachle!" derzue lachet si.
„Hesch wou kener gseh. Wi du ja weisch, si die mit de Schtachle viu anschprächender." Chrüsi lached ou derzue.

Das isch jetz würklich es schiksuhafts Träffe mit Konsequenze. Denn us däm belanglose Palaver, si no viu interessanteri Gschpräch worde. Chrüsi und Bischi hei sich nach dere Rosewuche es paar Mou troffe und sy sich doch nöcher cho. Bsungers für Chrüsi isch das Balsam gsi uf sis Eländ härä, wo är am ufarbeite isch. Mit der Bischi zämä chunnt ou är wider es paar Schrittli wyter. Zämä amüsieren si sich, erfrüsche sich gägäsitig und würke eis ufs angere ufmunternd.
Ou d Gärtnerei vu Chrüsi macht Vortschritte. Es wird wider öppe gjättet und es bizzeli Ordnig isch ou wider ykehrt. Das isch ou für ds ganze Gschäft nid abträglich. Wider meh Ufträg cha Chrüsi mache und Gärte verschönnere.
Vu der wohl erquikende Situation agschtachlet,

het Chrüsi sich Gedanke gmacht, wie ächtet wou so e Rose chönnti usgseh, wo dene Ouge und däm volländete Gschöpf Bischi, zu Ehre chönnti wärde. Siner Gedankegäng sy usfüerlich und ou usschweifend. So e Mischig zwüsche Ärdnüsslischtude und amächeliger Rose. Aber bi dere Rose hei d Ärdnüssli willsgott wäger nüt z sueche. Isch ou besser so. Wüu Ärdnüssli wachse hie bi üs nid so gärn. Viu Sunne und Wermi isch dene viu lieber. Hingägä e Rose mas ou mou chüeler verlide. Desswägä geit die no lang nid unger.
De fat är afa pröble und usprobiere. Das Handwärch vum Rosezüchte het Chrüsi sicher i de Finger. Vu do mou chli beschtäube, dert wider e nöiji Pflanze asetze. Viu Zyt und Geduld. Viu Gfüel und Können. U nid zletscht es guets Hämpfeli Glück bruchts, bis so e richtig ehrwürdigi, jungfräulichi und säuteni Rose entschteit.
Di richtigi Mischig derzue het Chrüsi nach sim lange und verschidene pröble gfunge. Ds erschte Modäu isch scho am häräwachse, i sim Tribhuus. Chrüsi het z Gfüel, das wärdi de e prächtigi Blueme, die nöi entschtehendi Rose. Nid zletscht het är das ou chlei der Bischi z verdanke. Drum wot är se de ou so nenne. Aber das chunnt de ersch wenn är sicher isch, dass die Rose däm entschpricht, wo är sich vorgschteut het.
Und prommt, es isch us auem Wärche und Schwit-

ze use e Rose entschtande, wo sich darf gseh lo. Die isch so einmalig, wi no ke angeri, us Chrüsis Hand.
D Emotione si de ou mit ihm düre gange. Är hets nid chönne lo sy, mits im Namittag i Schtärne z ga, und sich es „Rositta-Schpezial“ z bschteue. Ds Fränzi het ne aglached und gmeint, dass är sicher wider öppis kurioses im Sinn eigi, wenn är so es Gsöff bschteui.
Wo de das Rositta-Schpezial-Schtärne-Fränzi uf em Tisch isch gschtange, nimmt Chrüsi es Foto füre und zeigts der Fränzi: „Lue, das isch das Kuriose.“
Ds Fränzi mues doch grad absitze: „E nöij Rose hesch gmacht. Das hät ig de nid dänkt. Aber wou, die gseht prächtig us. Gratuliere!“
„Danke.“ Meint Chrüsi troche. „Es isch nid viu, derfür bsungers schön.“
Fränzi isch chli erschtunt: „Das stimmt. Viu Glück derby!“

Gli drüber abe het Chrüsi d Bischi Zeller yglade zum Nachtässe. Sie Zwöi si inere gmüetliche Gaschtschtube ineghocket.
Wo sie sich gsädlet hei, chunt der Chäuner und schänkt nach es paar Begrüessigswort Champagner id Gleser. De nach em Aschtosse chunt der Chäuner wider mit emene runde siubrige Tablett

und Gloggedechu. Är schteut sich näbä d Brigite und der Chrüsi seit derzue: „Lue Bischi, damaus, bim erschte Mou, woni wäge dine Ouge abem Schtuel gheit bi, bisch du mir im Troum vorcho und bisch mir nächär nümme me us em Chopf. I ha de wöue, dass es für immer und für ewig sötti so sy. Drum hani öppis gmacht für di. Darfsch jetz der Decku abhebe."
Der Chäuner lüpft ab und präsentiert der Brigite uf em Siuber Tablett e prachtvoui Rose. Dranne isch es chlises Chärtli. Zersch nimmt d Bischi di Rose id Hand, schnupperet dranne und wird de plötzlich ganz rot. Luegt zu Chrüsi und tuet ds Chärtli uf. Drinne schteit: ‚Für mini liebi Bischi. Für immer und ewig, dini Rose, Bischofszeller Rose!'

Der Rosenmann

Köschtlichi Düft zie ad Nase vu de vile Bsuecher vum Rosengarten, Rosaleda del Retiro. Im Park us de Schlossanlagen Buen Retiro, Am Rand vu Madrid. E wytläufigi, usgwäuti Aasammlig vu diverse Rose. Es het Rosebüsch. Es het einzelni Blueme. Es het Roseböim. Und natürlich ou die so wyt ume bekannti Rosa Cannina. E Schtruch wo me vilerorts finde tuet. Und das nid nume i schöne oder bsungere Gärte.
Im Schatte vumene Boum, es isch e jungi Truurwyde wo ou i däm Rosegarte schteit, het sich Hernando Lope de Vegas uf em Bank drunger nider glaa. Är gniesst die friedfertige Momänte wo är sich hie usegno het. D Arbeit deheime cha warte. D Kunscht brucht ou mou chli Früschi und Müssiggang so wytab vom Grosstadtgetriebe. Sini Begabig aus Biudhouer brucht mängisch nöji und erbouendi Idee und freieri Gedanke. Hernando Lope de Vegas sinniert scho lenger anere wytere Schtatue, ere Plastik desume. Wüu no nüt gschids us sine Gedankegäng usecho isch, het är sich hie ungere Boum i Rosegarte inegsetzt.
Zu sire Fröid gseht Hernando scho di erschti Bsuecherin wo är kennt. Und sofort macht är uf em

Bank unger der Truurwyde Platz für sini gliebti Ines Manriqua de Lara. Är umarmet se zur Begrüessig. Sini liebschti Frou. Nach einige liebliche Frase sitze si schtiu da und Beidi beobachte der Rosegarte und di angere Gescht.
Hernandos Ouge schweife dür die verschidene Farbe und die natürliche Forme. Ab und zue begägne siner Blicke ou de Bsuecher. Zum Teu richtig sunnigi Gsichter gseht är. Und dert hinge, es Paar wo entgägä chunnt. Är, heftig gestikulierend. Si, lut uf ihn yredend. Was si seit cha Lope de Vegas nid verschtaa. Es isch doch zu wyt wäg. Dä gestikulierend Maa zeigt jetzt uf die Rose wo näbem Wägli schtö. Und si redet eifach wyter. Hernando het dänkt, dass dises Biud wo sich dervo ergä het nid nume guets und schöns mittreit.
Plötzlich schteit dä Ma auf em Wägli bock schtiu, schteckt siner Arme id Tallie und luegt di Frou unvermittlet aa. Disi wird ufe Momänt ruhig. Nach emene churze Wyli fat sis Gsicht afa lächle. De bückt är sich zu dene Rose abe, rist eini ab und het die dere Frou mit ere liebevoue Geste härä. Jetz fat ou di Frou afa lächle, nimt di darboteni Rose sanft entgägä, luegt ihn läng und ou liebevou aa. Derna macht si e Schritt uf ihn zue und umarmet ne mit emene Müntschi.
Das isch doch es herrlichs Biud, dänkt der Hernando Lope so für sich. Wenn eine enere Frou e Rose

so darbietet, de mues es doch ou öppis mit Liebi z tüe ha.
Druf fragt är sini gliebti Ines Manriqua: „Hesch disi Szene dert änä ou gseh. Garramba! Das isch fazinierend gsi, di Zwöi, wie si zämä um gange sy und de ersch jetz!" Derby nimt Hernando d Ines obe düre um d Schultere und drückt se a sich.
Chli schpäter, wo das Paar mit darbotene Rose Arm in Arm wyter gloufe isch und d Frou öppe a der wou duftende Rose gschnuppered het, isch Hernando Lope de Vegas ufgschtange, git der Ines Manriqua de Lara lächelnd es chräftigs Müntschi und het lut use gseit: „Garramba! Das mache ig!" und isch Hei gloufe.

Deheime isch ihm klar, wie sis nächschti Wärch wird usgseh. Dä letschti Gang i Rosegarte näbe sinere Ines, isch ihm Vorbiud gnue.
Mit emene grosse Schtück Wachs macht är sich dra. Do wird gschnitte, gschabed, knättet, verziert und ou wider verbessered. Dä Maa da, wo är vor sich het isch doch scho ganz guet. Aber no nid guet gnue, denn Hernando Lope de Vegas het da es genaus Biud im Chopf. So söus de ou entschta.
Das brucht Zyt und Geduld. Und dass er derby nid so eleini isch, chunt sin Moudi Salvatore Dali ou immer wider cho zueluege, was es do Nöis git. Der Moudi muschteret dä Maa aus Wachs ganz

kritisch. De schüttlet är der Chopf und markiert sin Platz und louft dervo.
Nach täglichem Wärche a sim Maa, het der Hernando de der Ydruck, jetz isch guet. Ziemlich so wie är das im Chopf gha het.
Druf härä macht är e Gips Abdruck vu sim Maa und lat ne schta.
Am angere Tag chunt Lope de Vegas is Atelier für a sim Gipsabdruck wyter z fahre. Aber, „Garramba! Moudi, Salvador Dali! Was hesch gmacht? Das hätti jetz nid müesse sy! Schämdi!!" Dä Gipsabdruck ligt i hundert Teili am Bode. Aues kaputt. Der Salvator Dali dernäbä und miaued fridlich. „Hopp, use, du böse Moudi!" Lope mues zersch aues ufputze.
Druf härä geits no mou los. Es paar Gedanke gö ihm düre Chopf, dass er dismau sin Maa no schöner, finer und packender sötti gschtaute. Warschinlich het der Moudi rächt gha: no zweni guet!
Ja, jetz no sorgfäutiger. Hernando Lope de Vegas nimmt no mou es Schtück Wachs id Finger. Do drus erwachsed doch dä Maa mit ere Rose. So erfrüschend, so packend. Dä Maa imene Jackett vu meine Torrero. Di fine Chnöpf und Stickereie faue eim grad uf. So edel, graziös, so gschmackvoll. Ds Gsicht ganz füre über d Rose luegend. D Ouge, me cha se fasch fasse. So ächt, so lieblich, so vouer Fröid. Eis Bei e Schritt gägä hinge. Di ganzi

Hautig vum Körper, locker und denno klar uf öpper zue grichtet. Wär isch es ächtet, wo dä Maa druf zieled?

De lütets ar Türe. Hernando fröit sich über dä unerwartet Bsuech. Sini Ines Manriqua de Lara nimt dismau ihn id Arme. Und jetz isch es meh aus nume e Kuss wo si vu Hernando wot. Är lat es eifach gscheh. Und vor em Atelier usse chöme sich di Zwöi so noch es isch e Glückseligkeit wo us ihne usesprudled. E beglückendi Zwöisamkeit vereint uf eim Fläck.

I de nächschte Tage het Lope de Vegas no einiges a sim Maa mit Rose z verfinere und schaffe. Nachdäm sin Moudi, der Salvator Dali vor däm Maa gschtange isch und chum me het wöue höre Mauze het Hernando gmeint: „Garramba! Salvator. Dä gfaut dir jetze ou. Gäu mir dörfe für z erschte zfride sy!“ de isch der Moudi ihm um d Bei umegschtriche, het no mou Miaued und isch use. Nach em Gipsabdruck her dä Maa no in Bronze söue gosse wärde. Drufhärä aui Unäbehiete und Braue abgmacht sy und sanft gschliffe.

Wo de dä Maa mit Rose würklich fertig isch gsi, höcklet Lope de Vegas vor sis Atelier use, im Schatte vu de Böim und betrachtet ne usgibig vu aune Syte. Zletscht schtreckt er ne vo sich, so dass sich beidi aluege und seit: „Olé! Rosemaa, du bisch es!“

Druf ghört är us em Atelier Schritte cho. Hernando Lope de Vegas schteit uf und geit ufs Atelier zue. Ines Manriqua de Lara, sini Gliebti Ines isch da. Hernando schteut sich so härä wi si Maa mit Rose, het dise ou füre gägä d Ines zue. Luegt si lieb lächelnd aa und meint: „Und, du packende Rosemaa, wäm schänksch du jetz die faszinierendi Rose?“

Berührt

Francois isch ungerwägs dür d Strasse vu Paris, irgendwo härä. Hüt isch der Nationalfiirtag vu de Franzose, der 14. Juli. Überau wird no mou gwüscht und d Strasse wärde no abegwäsche.

Francois schteit plötzlich bockschtiu. „Ig bi troffe! Ig bi troffe! Das tuet weh! Oh, ig bi troffe. Ig gseh e Pfiu i mim Härze. Es isch der Amor, wo mi troffe het! Wou muess es Amor gsi sy, süsch isch ja grad niemer da. Ja, der Amor. Wo het de dä ou härä gluegt? Ig jedefaus, gseh niemer, wo zu däm Pfiu i mim Härze würdi passe. Het är e Fata Morgana gseh? Oder isch es der hüttig 14. Juillet? Das isch aber nid üblich für ihn. Süsch het är es ganz guets Oug. Es Oug wo so wyt härä längt, wyt übere Horizont use, bis über aui Härze use.“

Inzwüsche het Francois der Pfiu us sim Härze usezoge. Nüt isch passiert. Ke nöje Pfiu het sich i sis Härz boret. Auerhöchschtens het der letzschti Pfiu sis Härz broche. Nume, werum sötti sis Härz broche sy? Wenn es ne truurig macht, dass der Pfiu es fautsches Gfüu i ihm usglöst het, de isch är säuber schuld. Är cha ja Tag für Tag hin und här

renne sich a de hübsche, schöne, chüele und lässige Ouge vu de Froue ergötze, ohni dass ihm grad Härz zerschpringt.
„Es isch ou nid nötig, dass ig mi immer wider verliebe und z Härz anschliessend broche isch. Nei, es isch nid nötig. Irgend einisch wird Amor so wyt sy und het e Pfiu für mi, der richtigi Pfiu. Da druf fröi ig mi jetze scho.“

I die Gedanken versunke geit Francois em Trottoir entlang. Chum es Gsicht erchennt är, wo a ihm verby ziet. Es chönnte Mönsche sy wo ihm gfaue, aber ou söttigi wo ihm nid viu bedüte.
A der nächschte Chrützig schteit d Fuessgänger Ample uf rot. I sire Versunkeheit gseht är die nid, und louft eifach wyter. Doch bevor är ei Schritt uf d Schtrass cha mache, hupets vumene Outo und e Hand ergrift sin Arm. Francois wird zrügg zoge, unsanft sogar, no bevor das hupende Outo ihn mitnimmt und ne de grob zrügg uf d Schtrass gworfe hätti. So fahrt das Outo vor sim Fuess verby. Jetz luegt är wär ihn so unsanft am Arm festhautet. Grad luegt är i zöi schprühendi Ouge, wo ne fixiere. „Ach, so ungschickt min Fründ. D Schtrass isch gfährlich! D Outo sy nid zum schpile da. Chum, lass di aluege. Bisch no ganz?“
Die schprühende Ouge muschtere ihn ygehend. Francois schteit da, ds Muu offe und bringt kes

Wort use. Nid emou es ‚Merci' chunt us ihm use. Je länger är i die schprühende Ouge luegt, deschto verschwommener wärde die. Aues dräit sich um ihn ume, es wird ihm schwindlig und gheit uf d Chnöi.
Inzwüsche sy di umstehende Fuessgänger über d Schrass. Nume si isch no da, die hübschi Frou, wo är no nie gseh het. Si geit jetz ou id Hocki, hautet ne a der Schultere und seit:" I bi Marie-Louise. Was isch mit dir los?"
Är luegt ufe, unglöibig, no chli benäblet, verschteit d Wäut vu däm Momänt nid so ganz und seit: „Francois. Danke. Ig bi troffe!" und grift sich as Härz. „Der Amor het mi no mou troffe. Nume jetz richtig!" Muschtered d Marie-Louise, das jetz luschtige Lächle, die zwöi Fäutli näbem Muu und die brune länge Haar wo sich im liechte Wind bewege. Das isch die Frou. Si isch ihm uf Ahieb sympatisch. Da gits nüt meh z meckere: „Der Amor het dismau rächt gha und guet ziled!" seit er und umarmed d Marie-Louise.
Für si isch das so unvorbereitet cho und meint: „Au! Nid so schtürmisch, Francois!"
„Auso doch!" seit är, „het der Amor doch rächt gha. Gschpürsch sin präzise Pfiu ou i dim anziehende Härze, Marie-Louise?"
No bevor si cha es Wort sägä, chunt der Putzlaschtwage am Trottoir noch und wäscht d

Schtrass. Derby verwütscht dä die zwöi Verschlungene mit enere ghörige Duschi vou Wasser, so dass si Putz-Pudu nass sy. Beidi schpringe uf, rüefe es paar uschafeligi Wort em Laschtwage hinge noche, luge sich gägesytig aa und fö härzhaft afa lacha über das nasse Usgseh.

Denno isch es nid agnäm gsi, so nass vorenang. Es isch zwar warm gsi, d Sunne het der Tag schtarch möge erhäue, aber so abgschprützt, nei, das geit nid. Drum seit d Marie-Louise: „Chum, Francois, mir gö zu mir. Dört chasch di abdröchne. Es isch nid wyt. Grad da hinge ume Egge.“ Francois isch zersch chli verdutzt, meint aber: „Guet, gömer, danke!“

Ir Wohnig vur Marie-Louise isch es gäbiger. Er berchunt es Handtuech und cha sich mou churz abdusche. Das tuet guet. D Chleider chaner as Fänschter hänke, dass si möge tröchne.
Är schteit mit em Handtuech unschlüssig desume. Öppis fäut ihm no. Si im Bad ou grad am abtröchne, seit Francois: „Ig wett mit dir flott über d Champs d' Elisés ine tanze. E liechte Flug übere Jardin de Luxemburg gniesse. Im bekannte Ritz es heisses, oppulänts Nachtässe mit dir verbringe. Vor em Louvre es paar erneuerndi Purzelböim schla. Und nächär uf em einmalige Eifelturm ds

beydruckende, nächtliche Füürwärch bewundere. Ja, das wett ig. Anschliessend düre verruefeni Bois de Boulogne schlendere. Am Morge im See vum Schloss Versaille erfrüschend go bade. Denn ds Zmorge im ‚Le Café des Lettres'. Ja, das wett ig. Machsch ou mit Marie-Louise?“

Langsam chunt d Marie-Louise no im Handtuech uf ihn zue. Lächlet ne aa, nimt sin Chopf zärtlich id Händ und küsst ne innig und wortlos. De schtrichlet si sachte über siner rot agloufene Backe, lugt ihm töif id Ouge und seit: „Ig wott jetz mit dir es chüus Pastis trinke. Nächär einisch liederlich dür d Wohnig schpringe und fägä. De üs uf em Bett ustobe, bis mir nümme möge. Ja, das isch das wo ig wett. Machsch ou mit Francois, min Liebe?“
Är luegt sich ume und seit de es bizzeli Enttüschig vorgauklend: „D Chleider sy no nid troche. Auso, ig ergibe mi!“ lached de und git der Marie-Louise es Küssli.

Vile Dank für d Ufmerksamkeit.

Der Autor
Markus Staub

Weitere Bücher von Markus Staub

Im Berner Dialekt:

Lempenwil
'Gschnäder us em Dorf'
Dorfgeschichte mit Liebe, Hass, Korruption, Wirtschaft und vielschichtigen persönlichen Schicksalen.

Dr Bärä Sepp
Wenn der Dorfgott von seiner Säule fällt.

Tante Schüggis Nachbare
Churzweilige kleine Erzählungen

Tüfusgschäft oder Gottesläschterig
Hörbuch
Ist das Tüfusgschäft so abwegig, oder das Salz im Alltag?

In Hochdeutsch:

Der Liebe begegnet
Kurze, liebliche Abenteuer,
Kurzgeschichten

Guten Morgen Röschti
Allerlei knusprige Kurzgeschichten

Mord schützt nicht vor Liebe
Der grosse Krimi aus der Ostschweiz

Gedichte:

Spontis aus dem Flügelsofa
Mein bis jetzt bester Gedichtband,
mit Zeichnungen von Ursi Walti